Herrn Kuhn
mit den besten Wünschen
für künftige Taten,
außerdem mit Dank
für viele gemeinsame,
lehrreiche Prüfungen
76 F. Neidert

Band 8
**Schriftenreihe des Dokumentations- und Kulturzentrums
Deutscher Sinti und Roma,** Bremeneckgasse 2 , 69117 Heidelberg

Diese Veröffentlichung ist aus Mitteln der Deutschen Bundesregierung gefördert

© 1998 für die Beiträge: Autorinnen und Autoren
© 1998 für diese Ausgabe:
Verlag Das Wunderhorn, Bergstr. 21, 69120 Heidelberg
Satz: Cyan, Heidelberg
Druck, Fuldaer Verlagsanstalt, Fulda
Alle Rechte vorbehalten
Umschlagabbildung: Otto Pankok (1948)
© 1998 Eva Pankok (mit freundlicher Genehmigung)
ISBN 3-88423-141-3

Anita Awosusi (Hrsg.)

Stichwort: Zigeuner

Zur Stigmatisierung von Sinti und Roma in
Lexika und Enzyklopädien

Wunderhorn

Inhalt

Anita Awosusi
Das Zigeunerstereotyp – Zur Geschichte einer rassistischen
Konstruktion   7

Iris Wigger
„Ein eigenartiges Volk" – Die Ethnisierung des Zigeunerstereotyps
im Spiegel von Enzyklopädien und Lexika   15

Jochen A. Bär
Zigeunerstereotype in Dialekt- und Mundartwörterbüchern
des Deutschen   45

Anja Lobenstein-Reichmann
Das Bild des „Zigeuners" in den Lexika der
nationalsozialistischen Zeit   71

Ulrich Kronauer
Bilder vom „Zigeuner" in *rechtssprachlichen* Quellen und ihre
Darstellung im *Deutschen Rechtswörterbuch*   97

Jochen A. Bär / Silke Bär
Zur Verwendung des Wortes ‚zigeuner' in der Frühen Neuzeit.
Dargestellt mit dem Belegmaterial und nach der Methode des
Frühneuhochdeutschen Wörterbuches   119

Folker Reichert
Cingani sive populus Pharaonis – Bemerkungen
zum lateinischen Erstbeleg   159

Stellungnahme der UNESCO zum *Rassenbegriff*   167

Autorenverzeichnis   173

Das Zigeunerstereotyp
Zur Geschichte einer rassistischen Konstruktion

Anita Awosusi

Jahrhundertelang war der Name des „Zigeuners" mit negativen Bildern und Zuschreibungen verbunden. Für die sich dahinter verbergende Feindseligkeit gegenüber Sinti und Roma hat sich in jüngster Zeit der Begriff des *Antiziganismus* durchgesetzt[1]. Wie der parallel gebrauchte Begriff des Antisemitismus bezieht er sich auf den teils offenen, teils versteckten Rassismus gegenüber unserer Minderheit. Das heißt, er meint sowohl die Gegnerschaft im Rahmen politischer Bewegungen mit nationalistischen und rassistischen Programmen als auch die Gesamtheit der Bilder und Mythen vom „Zigeuner", also im einzelnen die gängigen Klischees, die Bestandteil des kulturellen Erbes in Literatur und Kunst, Musik und Film und anderen gesellschaftlichen Bereichen geworden sind[2].

Stereotypen geben einfache Antworten in einer komplizierten Welt. Sie sehen vom Einzelfall ab, von der Vielfalt einer Gruppe. Sie arbeiten mit Pauschalisierungen und Vergröberungen. Sie arbeiten „Typen" heraus mit ein für allemal festgelegten Merkmalen. Sie wollen mit dem Gegenüber nicht in Beziehung treten, sondern das Bedürfnis nach einem klaren Feindbild befriedigen.

Die „Typen", um die es hier geht, sind das Produkt kollektiver Phantasie und Projektion seitens der Mehrheitsgesellschaft. Sie spuken jedoch nicht nur in den Köpfen ausgewiesener „Zigeunerfeinde" und Rassisten herum; sie haben vielmehr Eingang in unser Alltagswissen gefunden und zirkulieren in vielerlei Texten und Darstellungen. In diesem Prozeß der Bewußtseinsbildung und Tradierung eines allgemein geteilten Wissensstandes spielen nun die einschlägigen Eintragungen in Lexika und Enzyklopädien eine grosse Rolle. Nirgendwo tritt das Zigeunerstereotyp krasser in Erscheinung als hier. In einem Gespinst von Halbwissen, Vorurteil und böswilliger Verleumdung wird in den diversen Nachschlagewerken das Konstrukt als Wirklichkeit ausgegeben – in knappen Protokollsätzen notiert, scheinbar wertungsfrei und objektiv.

Stets ist bei diesen Eintragungen der Schlüsselbegriff „Zigeuner" nur das Paßwort, um ein ganzes Wortfeld zu erschließen. So sind etwa im berühmten Grimmschen Wörterbuch [3] Ableitungen und Übertragungen verzeichnet wie: „zigeunerartig, Zigeunerei, Zigeunergesindel, zigeunerhaft, zigeunerisch, Zigeunerleben, zigeunermäßig, zigeunern, Zigeunerpack, Zigeunertum, Zigeunerwesen, Zigeunerwirtschaft" u. a. m. Querverweise zu Begriffen wie „Fahrendes Volk" oder „Müßiggänger" ergänzen das Bild und machen das Raster noch feinmaschiger.

Es ist bemerkenswert, dass diese Sprachregelung erst 1994 aufgebrochen werden konnte. In der 19. Auflage der Brockhaus-Enzyklopädie lesen wir unter dem Stichwort **Zigeuner**: „im dt. Sprachraum verbreitete Benennung der —› Sinti und Roma, die diese Bez. als diskriminierend ablehnen"[4]. Der Haupteintrag findet sich, wie der Verweis kenntlich macht, unter dem neuen Stichwort „Sinti und Roma"[5].

Dieses Zurechtrücken der wahren Zusammenhänge, der Vertauschung von Fremd- und Eigenbezeichnung – ob aus innerer Überzeugung oder bloß dem Zeitgeist einer „Politischen Korrektheit" folgend, bleibe hier dahingestellt – wirft ein grelles Licht auf den strukturellen Konservatismus lexikographischer Arbeit: die extrem hohe Verweildauer von Schlüsselbegriffen, das Beharrungsvermögen einmal inventarisierten Wissens, die Immunität gegenüber Kritik und Aufklärung. Das läßt sich auch als Anforderung an die Edition zukünftiger Ausgaben lesen; und die Frage „Warum halten sich Vorurteile gegenüber Minderheiten so hartnäckig in Wörterbüchern und anderen Werken der kollektiven Wissensvermittlung?"[6] könnte auch lauten: Warum sind die Kontrollmechanismen bei Autoren, Verlegern und Lektoren so nachlässig?

Die schlimmen Traditionslinien lassen sich weit nach hinten zurückverfolgen. Von den Chroniken und Cosmographien der frühen Neuzeit über die unzähligen Reichstagsabschiede und Einzeledikte der Landesfürsten und Obrigkeiten bis hin zum ersten Universal-Lexikon deutscher Sprache (Zedler 1749) führt ein roter Faden, gewirkt aus übler Nachrede und Anstachelung zum Haß. Aus gutem Grunde haben wir deshalb ein sehr frühes Dokument – möglicherweise die früheste Erwähnung von Sinti in Mitteleuropa überhaupt – im Anhang dieses Bandes aufgenommen. Was hier, im Wortsinn, als Quelle erscheint, hat bei Zedler die Gestalt und Gewalt eines reißenden Flußlaufes angenommen. In dem erwähnten Universal-Lexikon aller Wissenschaften und Künste gilt es als ausgemacht, „dass diese Zigeuner nichts anderes seyn, denn ein zusammen gelauffenes böses Gesindel, so nicht Lust zu arbeiten hat, sondern von Müßiggang, Stehlen, Huren, Fressen, Sauffen, Spielen u.s.w. Profession machen will"[7]. Da dem so sei, heißt es weiter, „so ist gar eine billige und gerechte Straffe für diese Leute, daß man sie, wie fast allenthalben in Deutschland angeordnet ist, aller orten...mit gewaffneter hand aufsucht, und mit Gewalt aus dem lande verweist; sie auch bey verspürten Widerstand so gleich tod schiessen läßt, ohne einige Gnade und Nachsehen"[8].

Die nachfolgenden Konversationslexika, Enzyklopädien und Wörterbücher des 19. Jahrhunderts, Kinder der Aufklärung, distanzieren sich nicht nur nicht von der hier vorgelegten Stigmatisierung; sie bereiten vielmehr ihrerseits den Boden für einen wissenschaftlichen Rassismus vor: durch die Ethnisierung des Zigeunerstereotyps, die schließlich in die Kategorie des Rassezigeuners mündet. W.D. Hund spricht in diesem Zusammenhang sogar von einer gewissen Vorreiterrolle: „Noch ehe die Diskussion der Aufklärung einen wissenschaftlichen Begriff der Rasse entwickelt hat, zeigt das Zigeunerstereotyp wesentliche Merkmale rassistischer Argumentation. Es betreibt die Herstellung und kategoriale Fixierung einer wesensmäßigen Differenz zwischen Menschen...und verschiebt (dabei) die Kausalität aus dem Bereich äusserer Ursachen in den des Wesens"[9].

D.h. auf die konventionelle Feststellung sozialer und kultureller Eigenschaften folgt die (pseudowissenschaftliche) Festschreibung erblicher Merkmale. Behauptet wird eine rassische Invarianz, die sich in der angeblichen Konstanz des Charakters der „Zigeuner" zeigen soll. So war – zumindest im Rückblick – die „aufgeklärte" Diskussion über Menschenrassen der Anfang eines verhängnisvollen Irrweges der westlichen Zivilisation. Er führte über Etappen, die sich eben auch anhand lexikalischer Eintragungen wie Wegemarken ablesen lassen, in die Katastrophe von Auschwitz. Wer aber glaubt, in der Barbarei des nationalsozialistischen Rassenwahns habe dieser Weg sein Ende gefunden, der kann mit einem Blick in den großen Herder von 1956 eines Besseren (=Schlechteren) belehrt werden. Dort heißt es unter dem Stichwort *Zigeuner*:

„Trotz mancher Vermischung läßt sich der ursprünglich indide Rassentypus (schlank, mittelgroß, braune Haut, schwarze Haare, dunkle Augen, eigentümliche Augen- und Nasenform) nachweisen". Und: „Die Problematik der Zigeuner liegt darin, dass sie als Nomaden kaum in die seßhaften Kulturen der Wirtsvölker eingegliedert werden können (deshalb wurden sie vom national-sozialistischen Regime verfolgt und teilweise nach Polen deportiert und ausgerottet)".

Thomas Sparr[10] hat in einer Besprechung der Fachtagung, deren Ergebnisse hier mit ergänzendem Material der Öffentlichkeit vorgelegt werden, überzeugend formuliert, dieser Eintrag klinge wie ein fernes schrilles Echo auf den „Zigeuner"-Artikel in Zedlers Universal-Lexikon. Dieser weit gespannte Bogen erinnert uns ein weiteres Mal daran, dass wir es mit dem Zigeunerstereotyp im Kern mit der Geschichte und der Struktur einer rassistischen Konstruktion zu tun haben. Grund genug, im Anhang des Bandes noch einmal die Erklärung der UNESCO-Konferenz zur „Rassenfrage beim Menschen" aus dem Jahre 1995 abzudrucken – mit dem Motto: Vielfalt der Menschen, aber keine Rassen.

Anmerkungen

1 Siehe Franz Maciejewski, Elemente des Antiziganismus, in: J.Giere (Hg.): Die gesellschaftliche Konstruktion des Zigeuners. Frankfurt/New York 1996. W.Wippermann," Wie die Zigeuner". Antisemitismus und Antiziganismus im Vergleich. Berlin 1997
2 Zu den Gebieten von Literatur und Musik vgl. Wilhelm Solms, Daniel Strauß (Hg.), Zigeunerbilder in der deutschsprachigen Literatur. Heidelberg 1995. Anita Awosusi (Hg.), Die Musik der Sinti und Roma (3 Bde.). Heidelberg 1996, 1997, 1998
3 Vgl. J.und W.Grimm, Deutsches Wörterbuch, Bd.15. Leipzig 1956, Sp.1257-1272
4 Das Zitat findet sich a.a.O., S.543
5 Ebd., S.323 ff.
6 So lautete die Fragestellung der Podiumsdiskussion, mit der die Fachtagung „Zigeunerstereotypen in Lexika und Enzyklopädien" endete.

7   J.H. Zedler, Grosses vollständiges Universal-Lexikon Aller Wissenschaften und Künste. Bd.62. Leipzig, Halle 1749, Sp.524 ff.
8   Ebd. Sp.527
9   W.D. Hund (Hg.), Zigeuner. Geschichte und Struktur einer rassistischen Konstruktion. Duisburg 1966, S.25 f.
10 FAZ v. 3.12.1997 (S.N 9)
11 Abdruck der deutschen Übersetzung der englischen Originalfassung durch Prof. U. Kattmann (Universität Oldenburg) aus: DIE BRÜCKE – Forum für antirassistische Politik und Kultur, H.2 (1997):23 ff

Ein eigenartiges Volk
Die Ethnisierung des Zigeunerstereotyps im Spiegel von Enzyklopädien und Lexika[1]

Iris Wigger

Die 1994 abgeschlossene 19.Auflage der Brockhaus-Enzyklopädie erklärt das Stichwort Zigeuner zu einer diskriminierenden Fremdbezeichnung und verweist statt dessen auf den Artikel Sinti und Roma. Der konfrontiert die Leserinnen und Leser mit einer jahrhundertelangen „Unterdrückungsgeschichte„ und begreift Sinti und Roma als Opfer anhaltender Ausgrenzung und Diskriminierung.[2]

Auch wer das noch nicht für eine lexikalische Revolution hält, könnte geneigt sein, darin immerhin einen Paradigmenwechsel zu sehen. Doch würde er schon durch einen Blick in die gleichzeitig erschienene einbändige Volksausgabe des Brockhaus eines Besseren belehrt.[3] Dort wird nach wie vor auf jenem Stichwort beharrt, unter dem die Cosmographien und Enzyklopädien, Konversationslexika und Wörterbücher das gesellschaftliche Wissen für die gelehrten Stände zusammengetragen und seit der Aufklärung auch für eine sich zusehends verbreiternde bürgerliche Öffentlichkeit aufbereitet haben. Insofern stellen diese gleichsam ein Scharnier zwischen Wissenschaft und Alltagswissen dar und sind an der gesellschaftlichen Konstruktion der Kategorie Zigeuner maßgeblich beteiligt.[4]

Obwohl auch der Brockhaus kontinuierlich daran mitgearbeitet hat, gibt das den Verfassern des kritischen Artikels zum Stichwort Sinti und Roma keinen Anlaß zur Selbstkritik. Der Hinweis darauf, daß „(d)ie früher ... gebräuchl(iche) Bez(eichnung) ... Zigeuner ... auch heute noch in diskriminierender Absicht verwendet"[5] würde, führt deswegen letztlich sogar in die Irre. Die Benennung übler Absichten ist keine Erklärung für die Entwicklung von Stereotypen und deren Verbindung mit rassistischen Konstruktionen des anderen.

Sie haben hinsichtlich des Zigeunerbildes eine weit zurückreichende Tradition. Diese wird 1749 im 64. Band von Zedlers großem „Universal-Lexicon aller Wissenschafften und Künste"[6] zusammengefaßt.

Zedler formuliert gewissermaßen die Synopse des bisherigen Verständnisses der Zigeuner und trägt in seinem Artikel das gesammelte Wissen über sie aus Chroniken, Dissertationen, Verordnungen, Edikten und Lexika der vorausgegangenen Jahrhunderte zusammen.

Auf dieser Basis bildet er einen Zigeunerbegriff heraus, der sich durch eine Doppelstruktur auszeichnet. Einerseits werden die Zigeuner durch Fremdheit, andererseits durch unangepaßtes soziales Verhalten gekennzeichnet. Nachdem er verschiedene, den Zigeunern gegebene Namen nennt, die auf ihre Fremdheit hinweisen, diskutiert er unterschiedliche Herkunftsmythen – darunter auch die Theorie Wagenseils, wonach die Zigeuner Nachfahren von Juden seien, die sich zum Schutz vor Verfolgung als Fremde tarnen würden.[7] Zedler verneint zwar die jüdische Herkunftsvariante, stimmt Wagenseil aber hinsichtlich des Scheincharakters zigeunerischer Fremdheit zu. Das gilt auch für deren augenfälligstes Kennzeichen, eine als „schwärzlich" beschriebene Hautfarbe, von der nicht zu leugnen sei, daß sich diese viele Zigeuner „durch allerhand Schmierereyen zugeben wusten, damit sie nicht mögten erkannt werden."[8] Zu diesem Zwecke „färben (sie) sich die Gesichter mit grünen Nuß-Schaalen, damit sie desto scheußlicher aussehen, und unwissenden Leuten die Meynung desto eher beybringen, als ob sie aus den heissen Mittags-Ländern ihren Ursprung herführten."[9]

Auch ein weiteres Indiz von Fremdheit, die unverständliche Sprache, läßt er nicht gelten. Seiner Meinung nach machten die Zigeuner „unter sich eine besondere Sprache und eigene Mund-Art aus, damit sie desto fremder scheinen, und einander dasjenige, was zu Beförderung ihrer Absichten dienlich, communiciren können, und andere Leute sie doch nicht verstehen."[10]

Zwei in der modernen Diskussion über das Verhältnis zum Fremden in der Regel eher problemlos vorgetragene Indizien kultureller und natürlicher Differenz, Sprache und Hautfarbe, werden hier nicht etwa als willkommener Anlaß zur Ablehnung der Zigeuner herangezogen. Zedler nutzt sie auch nicht, um die zweite Dimension seines Zigeunerbegriffes zu erklären, der gemäß Zigeuner ein ebenso vertrautes wie problematisches soziales Verhalten zeigten. Handle es sich bei ihnen doch um „unverschämte Bettler, die, was sie mit Güte nicht erhalten konnten, mit List oder Gewalt an sich brachten, wie sie denn vortrefflich darauf abgerichtet waren, durch allerhand Griffe und Betrügereyen die Leute ums Geld zu bringen ... Wolte die List nicht helffen, so brauchten sie wohl Gewalt, mit Rauben, Morden und Plündern."[11] Etikettierungen wie „schädliche Bösewichter ..., Ausspäher, Kundschaffter und Verräther der Christenheit" oder auch „unnütz(es) Gesindel"[12] und „Zigeuner-Geschmeisse"[13] komplettieren das hier entworfene Bild sozialer Auffälligkeit.[14]

All diese Elemente sozialer Abweichung und Unangepaßtheit werden nicht etwa auf eine natürliche Andersartigkeit zurückgeführt. Offensichtlich kann Zedler nicht auf die von heutigen Anthropologen, vergleichenden Verhaltensforschern und anderen so gern beschworene Xenophobie spekulieren. Vielmehr scheint er eher mit einer verbreiteten Neugier dem Fremden gegenüber rechnen zu müssen. Daher warnt er davor, sich von den unbekannten und interessanten Zügen der Fremdheit blenden zu lassen und betont nachdrücklich deren Scheincharakter.

Dabei gilt ihm Fremdheit nicht nur als schützende Tarnung. Er sieht in ihr auch listigen Vorschein, hinter dem die Zigeuner ihre eigentliche soziale Herkunft und ihr von ihm in Kategorien der Nichtsnutzigkeit und des Verbrechens beschriebenes Tun verbergen wollen. Schließlich sei „heut zu Tage ... mehr als zu bekannt, daß diese Zigeuner nichts anders seyn, denn ein zusammen gelauffenes böses Gesindel, so nicht Lust zu arbeiten hat, sondern von Müßiggang, Stehlen, Huren, Fressen, Sauffen, Spielen u.s.w. Profeßion machen will."[15]

Präziser läßt sich die Abscheu einer von protestantischer Ethik gesättigten gesellschaftlichen Moral wohl kaum formulieren. Das „Gesindel" nämlich , das den „Müßiggang" zur „Profeßion" erhebt, das nicht die Berufung zur Arbeit verspürt, sondern sich deren fremdbestimmten Zumutungen teils entzieht, teils durch deren herrschaftliche Verfassung auf die Straße geworfen wird, ist eben kein fremdes Volk. Gemeint sind vielmehr jene vom sozial-ökonomischen Strukturwandel zur Moderne entwurzelten Bevölkerungsschichten, die sich als Vaganten durchschlagen müssen. Selbstverständlich lastet Zedler diesen Zustand nicht etwa den gesellschaftlichen Verhältnissen an, sondern dem mangelnden guten Willen ihrer Opfer.

In einer Aufzählung der zu den Zigeunern zu rechnenden Gruppen heißt es entsprechend: „Es finden sich hierbey abgedanckte und desertirte Soldaten, liederliche Bedienten und Handwerks-Pursche, die ihren Herren und Meistern nicht wollen gut thun, ungerathene Söhne, die ihren Eltern entlauffen, solche Weibes-Vetteln, die den Staupenschlag erhalten, und sich weder durch Kuppeln noch huren etwas mehr verdienen können."[16] In dieser Gleichsetzung von Zigeunern mit sozial deklassierten Bevölkerungsgruppen erscheint Fremdheit als ein von ihnen angewandtes Requisit zur Verschleierung ihrer sozialen Lage. Diese wird dabei nicht auf äußere Umstände zurückgeführt, sondern einem soziale Anpassung verweigernden Charakter zugeschrieben. Nicht Fremdheit, sondern Anpassungsunwilligkeit soll nach Zedler also das soziale Fehlverhalten der Zigeuner erklären.

Einen in diesem Kontext wichtigen Baustein des Zigeunerstereotyps stellt die den Zigeunern zugeschriebene Nichtseßhaftigkeit dar. Zedler charakterisiert sie als „umherschweiffendes und zusammengelauffenes Gesindel". Im Hinblick auf ein mögliches Heimatland der Zigeuner stellt er lakonisch fest: „Allein, wo will man dasselbe finden, da die Zigeuner ein umlaufendes Volck sind, so nirgends zu Hause gehöret."[17] Der Artikel zum Stichwort „Nirgends zu Hause"[18] eröffnet die Bedeutung solcher Etikettierung. Er verknüpft nichtseßhafte Lebensweise mit fehlender sozialer Anpassung zu einem Zustand rechtswidrigen Lebens. Aber obgleich sich Zedler in intensiver Form verschiedenen Edikten zur Verfolgung und Vertreibung der Zigeuner widmet, stellt er keineswegs einen Zusammenhang von Verfolgung und nichtseßhafter Lebensweise her. Nichtseßhaftigkeit wird vielmehr über das Stigma der Heimatlosigkeit ideologisch gewendet und präsentiert sich nun als freiwillig gewählter Zustand zigeunerischen Daseins. Sie gerät so zum Charakteristikum der Zigeuner schlechthin, welche Zedler deswegen auch als „Land-Läuffer" gelten, die „nigends zu Hause waren, und kein gewisses Vaterland hatten."[19]

Zudem betrachtet er zigeunerische Nichtseßhaftigkeit als ein Indiz für die Verweigerung sozialer Anpassung, wie das Stichwort „Vagabund" veranschaulicht. Es differenziert zwischen „nothwendige(n) und freywillige(n) Vagabunden"[20] und ordnet die Zigeuner der zweiten Kategorie zu. Während der notwendige Vagabund „aus einer von aussen her zustossenden Noth wieder seinen Willen seine Wohnung verlassen muß", hat der freiwillige Vagabund „seine Behausung freywillig verlassen" und verharrt „im Stande der Herumirrenden ..., ob er sich schon sonst bequemlich niederlassen könnte. Dahin gehören die starcken Bettler, welche ausser dem Hasse, den die muthwilligen Vagabunden verdienen, ihre absonderliche üble Berüchtigungen haben ... Ingleichen die Ziegauner, die Soldaten, wenn sie die Miliz verlassen, und herumschweiffen".

Die sich hier offenbarende heimliche Etymologie transportiert den Kerngehalt des von Zedler entworfenen Zigeunerstereotyps. Zigeuner sind schlicht ziehende Gauner und als solche Ausdruck angeblich mangelnder sozialer Anpassungsbereitschaft. Diese definiert geradezu den Begriff des Zigeuners, der deswegen als Apellativ für Vagantenwesen und Gaunertum überhaupt gelten kann.

Der so konstruierte Zigeuner steht im direkten Gegensatz zu den gesellschaftlichen Anforderungen der Herausbildung des frühmodernen Staates. Vor dem Hintergrund sozial-ökonomischer Umwälzungen gehörte es zu dessen zentralen Problemen, „mit den Strömen wandernder, territorial ungebundener und sich abweichend verhaltender Menschen fertig zu werden."[21] Er benötigte seßhafte und administrativ beherrschbare Bürger und unternahm deswegen „gigantische Anstrengungen seine Untertanen zu disziplinieren, gehorsam und fleißig zu machen."

Über den adäquaten Umgang mit allen sich diesen Anpassungsforderungen verschließenden „schädliche(n) Bösewichter(n)"[22] hegt Zedler keinen Zweifel und resümiert: „Da nun dieses Zigeuner-Volck ... mancherley Unheil anzurichten pfleget, so ist gar eine billige und gerechte Straffe für diese Leute, daß man sie, wie fast allenthalben in Deutschland angeordnet ist, aller Orten ... mit gewaffneter Hand aufsucht, und mit Gewalt aus dem Lande verweiset; sie auch bey verspürten Widerstand so gleich tod schiessen läst, ohne einige Gnade und Nachsehen und ohne einigen weitern Proceß blos und allein um ihres verbotenen Lebens-Wandels und bezeigten Ungehorsams halber, mit Leib- und Lebens-Straffe belegt, die Weiber und Kinder aber in die Zucht- und Arbeit-Häuser auf ewig verdammt."

Nicht fremde Sitte, sondern ein verbotener Lebenswandel macht die Zigeuner zum Ärgernis. Er signalisiert zum einen die argumentative Verkehrung bei der Behandlung der sozialen Kosten der Modernisierung, die die gesellschaftliche Entwurzelung dem Mutwillen der von ihr Betroffenen anlastet, und deutet zum anderen auf die Entwicklungsperspektive der Zucht arbeitsamer und gehorsamer Untertanen hin. Indem er aus jenen, die in diesem Prozess keinen Platz finden, sich ihm nicht fügen können oder die Anpassung an ihn verweigern, vagabundierende Gauner macht, entzieht er diesen nicht nur der Kritik, sondern liefert auch eine eingängige Metapher für all jene Vermutungen, die der Kategorie Zigeuner von Anfang an innewohnten und behaupteten, daß diese ein „unnütz(es) Volck"[23] bezeichne.

Die Verwandlung des sozial diskriminierten unnützen Volkes der ziehenden Gauner in das rassistisch diskriminierte Volk der Zigeuner beginnt mit der Entwicklung eines wissenschaftlichen Rassismus durch die Aufklärung.

Als der Brockhaus ein knappes Jahrhundert nach Zedler das Stichwort Zigeuner definieren muß, faßt er diese als „ein Nomadenvolk, dessen offenbar asiatische Bildung, Sprache und Sitten durchaus von allen europäischen abweichen",[24] zusammen. Fremdheit, die bislang überwiegend als Tarnung sozialer Unangepaßtheit galt, erhält jetzt den eigenen Sinn anderer Ethnizität.

Sie findet ihren Ausdruck in fremder Sprache, Kultur und Sitten nicht minder als in anthroplogischen und physiognomischen Besonderheiten. Das bislang sozial bestimmte Zigeunerstereotyp wird ethnisiert. Unterstellte Zedler den Zigeunern noch mangelnden Willen zur sozialen Anpassung, gerät dieser nunmehr zur kulturell bedingten Anpassungsunfähigkeit. Fremdheit erhält somit eine charakteristische Prägung. Mit ihr wird nicht einfach auf eine andere Lebensweise verwiesen. Vielmehr fixiert sie den anderen auf einer geschichtsphilosophisch für allgemeingültig erklärten Entwicklungsskala. Er ist nicht fremd, weil er unbekannt wäre, sondern befremdlich, weil er auf dieser Skala zurückgeblieben ist. Erklärt wird dieser Mangel mit der natürlichen Disposition rassisch bedingter Eigenartigkeit.

Das fremde Volk der Zigeuner wird der hierarchisch klassifizierenden Anthropologie der Aufklärung unterworfen, die sich bei aller Abweichung hinsichtlich Anzahl, Charakterisierung und Benennung natürlicher Kategorien von Menschen darin einig ist, daß es sich dabei um Rassen handle, die sich sowohl phänotypisch als auch in kultureller Hinsicht voneinander unterscheiden ließen.[25]

Die Brockhaus-Enzyklopädie von 1820 verdeutlicht diesen Prozess beispielhaft.[26] Sie präsentiert die ehemals soziale Kategorie Zigeuner nun im ethnischen Gewand. Ausführlich widmet sie sich dabei dem Erscheinungsbild, den Sitten und dem Verhalten der Zigeuner. Bei der Beschreibung ihres „äußeren Ansehen(s)", der „Olivenfarbe ihrer Haut", der „Kohlenschwärze ihrer Haare und ihrer Augen", des „Ebenmaß(es) ihrer Glieder" und ihres „zurückschreckende(n), scheue(n) Aussehen(s)" bedient sich der Artikel der zeitgenössischen Mischung wissenschaftlicher und pseudowissenschaftlicher Charakterisierungen mit Hilfe eines anthropologischen bis phrenologischen und physiognomischen Instrumentariums.

Fern aller selbstbestimmten Kosmetik ist der Phänotyp zum Indiz für ein von der Natur determiniertes Schicksal geworden. Die dunkle Hautfarbe hat sich aus einer in arglistiger Absicht aufgetragenen Schutzschicht in ein angeblich rassisch festgelegtes Stigma verwandelt, welches den nichtweißen Rassen als Zeichen ihrer Minderwertigkeit auf der Stirn geschrieben stehe. Wenn weiter darauf hingewiesen wird, daß die Zigeuner „selten feste Wohnplätze" hätten und „(i)hre Lebensweise ... unstät" sei, dient das nicht mehr der sozialen Diskriminierung umherschweifenden Gesindels, sondern der Charakterisierung ihrer ethnologischen Einordnung als „Nomadenvolk".

Ihm werden verschiedene Sitten und Gebräuche zugeschrieben, die es auf der Entwicklungsstufe kultureller Primitivität fixieren. Das gilt für Wohnung, Kleidung und Ernährung, für sexuelles Verhalten und Erziehung ebenso wie für die zentrale kulturelle Aktivität der Arbeit.

So sollen sich die Zigeuner gegen Kälte „durch den Aufenthalt in Höhlen und Grotten" oder den Bau von „Erdhütten, die einige Fuß in die Erde gegraben ... sind", schützen. Die assoziative Verbindung zum Höhlenmenschen liegt auf der Hand. Auf ähnlich vorzeitliches Verhalten deutet die Information, daß sich die Kinder der Zigeuner lange „vollkommen nackt" bewegen und die Zigeuner selbst „(w)eder Hemden, noch Kopf- und Fußbedeckung" kennen.

Auch ihre Eßgewohnheiten gelten als primitiv. „Ihre Nahrung ist ekelhaft. Unter den Gemüsen lieben sie Zwiebeln und Knoblauch, ganz nach morgenländischer Sitte. Sonst aber ist alles Fleisch ihnen willkommen, selbst das von verreckten Thieren; daher eine Viehseuche für sie das willkommenste Ereignis ist." Es wäre naheliegend, solche Nahrungswahl auf die Not einer sozial diskriminierten und ökonomisch ausgegrenzten Bevölkerungsschicht zurückzuführen. Statt dessen werden hier verschiedene Stufen zigeunerischer Eßgewohnheiten konstruiert. Die Assoziationskette reicht vom wenig wählerischen Eßverhalten über Aasverzehr bis zu der Behauptung, daß die Zigeuner „vor einigen dreißig Jahren ... mehrere Menschen geschlachtet und gegessen ... haben." In ihr kumuliert die Vorstellung, daß die Zigeuner barbarische Züge besitzen, sich nicht etwa durch gesellschaftliche Normen, sondern vielmehr durch animalische Gelüste leiten ließen.

Erst jetzt, also vom Ende dieser Assoziationskette her, erhalten die vorherigen Ausführungen ihr spezifisches Kolorit; Zwiebeln und Knoblauch wären demnach keine Anzeichen kulinarischer Vorliebe, sondern die Vorstufe des Kannibalismus. Ebenso scheint der Verzehr gefallenen Viehs nicht aus Not, sondern aus Passion stattzufinden. Ein eigentlich sozialer Tatbestand ist so zum Beweis für primitive Gelüste gemacht worden.

Verdichtet wird das Bild primitiver Ethnizität auch in der Charakterisierung zigeunerischen Sexualverhaltens. „Die Ehen werden auf die roheste Weise geschlossen. Unbekümmert darum, ob das Mädchen seine Schwester oder eine Fremde ist, heirathet sie der junge Zigeuner, sobald er will, gewöhnlich in seinem vierzehnten oder fünfzehnten Jahre."

Schon der hier implizierte Vorwurf des Inzest verbannt die Zigeuner in eine Existenzweise vor aller sozialen Ordnung und stellt sie in klaren Widerspruch zu den normativen Verhältnissen der bürgerlichen Gesellschaft. Denn der Zigeunerjunge vergeht sich ja nicht nur an seiner Schwester, er macht das auch, „sobald er will", und läßt damit jegliche Bereitschaft zum Triebverzicht, zumindest aber den Willen vermissen, sich vor der Heirat eine gesicherte Existenz aufzubauen.

Das liegt wohl auch daran, daß die Zigeuner nicht in der Lage seien ihre Kinder zu erziehen: „Eine allgemeine, fast thierische Liebe zu ihren Kindern macht, daß sie sie nie strafen, sondern daß diese von Jugend auf des Müßigganges, des Stehlens und der Betrügereien gewohnt werden." Das Attribut der tierischen Liebe wird hier in einen Gegensatz zur Erziehung gerückt. So zeugt die Liebe der Zigeuner von deren mangelnder Einfügung in das bürgerliche Normensystem. Sie ist „tierisch" und stellt damit eine natürliche, keine zivilisatorische Kategorie dar. Die nämlich enthielte einen Erziehungsanspruch, der auch eine negative Sanktionierung mit einschließt. Die straffreie Kinderliebe der Zigeuner hingegen verhindert geradezu deren ordentliche Erziehung, so daß aus ihnen Taugenichtse und Kriminelle werden.

Doch sind nach Auffassung des Brockhaus die Zigeuner nicht nur als Kinder nicht, sondern überhaupt nicht zu bilden. Aus diesem Grund seien auch verschiedene Versuche, die Zigeuner zu bessern, gescheitert. Sie könnten eben selbst unter Zwang ihr Verhalten nicht ändern. In diesem Zusammenhang wird auf das Unternehmen Maria-Theresias hingewiesen, die Zigeuner als „ihre Unterthanen zu Menschen und Bürgern umzuschaffen" und „(v)iele ihrer ekelhaften Gebräuche ... (zu) untersag(en)". Es sei jedoch „ohne Erfolg" geblieben. Deswegen habe man „zu so strengen Maßregeln (gegriffen), daß man den Ältern ihre Kinder nahm, und sie auf christliche Weise erziehen ließ. Allein hierdurch wurde der an sich löbliche Zweck eben so wenig erreicht, als durch die milden Verfügungen der russischen Regierung."

Zigeunerisches Leben beruht demnach nicht auf sozialem Fehlverhalten, sondern auf der Unfähigkeit, den gesellschaftlichen Anforderungen der bürgerlichen Gesellschaft zu entsprechen. Von den ambivalenten Vorstellungen der Aufklärung, die zwar das eigene Entwicklungsstadium zum generellen Maßstab des Fortschritts erhoben, aber immer auch darauf bestanden, daß die Menschen von den Umständen geprägt und deswegen durch deren Veränderung verbessert werden könnten, ist nurmehr das Verdikt einer Unfähigkeit zur Entwicklung geblieben. Es mündet in die Auffassung, „(a)n Erziehung ... (sei) unter diesem rohen Volke nicht zu denken."

Die Frage, ob die Zigeuner zu rechtschaffener Arbeit taugen, beantwortet der Brockhaus keineswegs so eindeutig. Vielmehr verwikkeln sich die Verfasser hier in einen argumentativen Widerspruch, der zwei verschiedenen Sichtweisen geschuldet ist.

Zunächst beschreiben sie, daß es „mehrere (gibt), die Gewerbe treiben." Diese seien „Gastwirthe, Pferdeärzte, Roßhändler, Schmiede, bessern alte Kessel und Pfannen aus, verfertigen Eisenwaaren, Nägel und dergl(eichen)." Scheinen die Verfasser hier noch ihren Augen trauen zu wollen, sehen sie sich doch an anderer Stelle jener Theorie verpflichtet, derzufolge die Zigeuner erst durch Verordnungen zur „sittlichen und bürgerlichen Verbesserung" zu Menschen gemacht werden müßten. Diese setzt, in ein bestimmtes hoheitliches Politikverständnis eingebettet, den ethnologischen Blickwinkel an, gemäß dem die Zigeuner von sich aus keine Gewerbe betreiben und ohne den heilsamen Zwang der Obrigkeit auch gar nicht in der Lage sind, gewerbstätig zu werden. So wird berichtet, daß man die Zigeuner durch Verordnung dazu auffordern mußte, „feste Wohnsitze (zu) wählen (und) sich zu Gewerben (zu) entschließen".

Erst beim Fortschreiben des Artikels wird dieser Widerspruch bemerkt und dem Zeitlauf folgend zu Gunsten der Theorie aufgelöst. Dies gelingt durch eine Differenzierung der bislang einheitlichen Kategorie Gewerbe. Während es zuvor zu genügen schien, rein deskriptiv verschiedene Gewerbe der Zigeuner zu benennen, weist man nun klassifizierend darauf hin, daß die Zigeuner nur „leichte Gewerbe (treiben)."[27] Daß sie darüber hinaus zweifelsohne nicht zu ordentlichen Gewerben taugen, die eine ausdauernde und geregelte Beschäftigung voraussetzen, liege in ihrer arbeitsscheuen Natur begründet. Denn „(b)ei den ihrem Naturell eigenthümlichen Charakterzügen der Ungebundenheit und Trägheit scheuen sie jede Art der Beschäftigung, welche Ausdauer und geregelte Ordnung erfordert".[28]

Die sich hier bereits deutlich abzeichnende Ethnisierung des Zigeunerstereotyps wird in der gesamten Bandbreite der Lexika und Enzyklopädien des 19. und 20. Jahrhunderts systematisch ausgebaut. Zwei Dimensionen, die naturwissenschaftliche und die ethnologischsoziale, gewinnen in diesem Prozess zusehends an Bedeutung. Beide zementieren den inneren Umbau des Zigeunerstereotyps von einer Sammelkategorie für sozial deklassierte Bevölkerungsschichten zur ethnologisch begründeten Rassenkategorie für ein fremdes Volk.

Die *naturwissenschaftliche Dimension* befaßt sich vor allem mit dem angeblich fremdartigen Aussehen der Zigeuner und den ihnen zugeschriebenen Merkmalen sowie den damit in Verbindung gesetzten seelischen Eigenschaften. Dabei ist sie keineswegs frei von einem gehörigen Maß an Willkür. Noch nicht einmal hinsichtlich der Hautfarbe herrscht Einigkeit.

Während der Brockhaus von 1830 die „gelbbraune oder Olivenfarbe ihrer Haut"[29] hervorhebt, die auch Pierers Lexikon als Zigeunermerkmal vorstellt,[30] sind den Verfassern der sieben Jahre später erschienen Brockhaus-Auflage die Zigeuner olivenfarbener Hautfarbe gänzlich unbekannt. Sie seien vielmehr durchweg an ihrer

„gelbbraune(n) Hautfarbe"[31] zu erkennen. Seine Renaissance erlebt der olivenfarbene Zigeuner in der Brockhaus-Enzyklopädie von 1848,[32] während für die Ausgabe von 1887 feststeht, daß die „dunklere schwarze Färbung"[33] charakteristisch für den Zigeuner ist. Meyers Lexikon hingegen besteht darauf, „daß die Z(igeuner) keineswegs schwarz von Hautfarbe sind."[34] Es möchte vielmehr „olivenfarbigen Flor" über „schwarzen Samt" gelegt wissen, um den ungefähren Ton zigeunerischer Hautfarbe zu treffen. Die „Gesichtsfarbe ist meißt lichter als die Hautfarbe des übrigen Körpers", versichert es ferner. Doch sei sie dabei „aber ohne eine Spur des dem Europäer eigentümlichen Rot, (nur) die Leidenschaft ruft ... eine größere Blässe des Gesichts hervor." Weitere Klassifizierungen attestieren den Zigeunern in ethnologischem Grundton ein „orientalisch(es)" Äußeres, eine „etwas finster(e)"[35] Physiognomie, oder ein wenig allgemeiner ein „fremdartiges Aussehen",[36] das sich auch in ihren „blitzenden Augen" niederschlägt.

Einen vergleichbaren Beitrag zur Herausbildung eines fremdartigen Zigeunertypus liefert die im Lichte der Aufklärung entstandene Pseudowissenschaft der Physiognomik. Sie hält mit Beginn des 19. Jahrhunderts Einzug in verschiedenste Lexika und speist hier die naturwissenschaftliche Dimension des Zigeunerstereotyps mit neuen Erkenntnissen. „(S)eine Physiognomie zeigt Leichtsinn und Gemüthlichkeit" verrät beispielsweise die Brockhaus-Enzyklopädie aus dem Jahre 1830 und bescheinigt dem Zigeuner auch eine darüber hinaus „sprechend(e)"[37] Mimik. Meyers Lexikon glaubt ebenfalls von äußerlichen Merkmalen auf Charaktereigenschaften des Zigeuners zurückschließen zu können und unterstellt: „Aus den glühenden Augen blitzt tierische Wildheit hervor; unstet schwankt der Ausdruck zwischen Schlauheit, Furcht und Haß".[38]

Ferner wird auch die Sprache der Zigeuner, einst noch Indiz der Verschleierung sozialer Deklassiertheit, nun als Beleg für ihre Fremdheit herangezogen. Sie bezeuge nämlich, soweit sind sich die Verfasser verschiedener Lexika einig, den fremden Ursprung der Zigeuner.[39] So meint der Brockhaus von 1848 ihr „offenbar asiat(ischer) Ursprung (werde) ... besonders aus ihrer Sprache deutlich ersichtbar".[40] Meyers Lexikon ist sich 1871 sicher, daß die „ihrer Sprache entnommenen Beweise Indien als ihre allein wahre und ursprüngliche Heimat herausstell(en)."[41] Präzisierend führt Manzs Realenzyklopädie verschiedene zigeunerische Mundarten auf, die ihrer Auffassung nach „einmüthig nach dem N(orden) von Ostindien hin(weisen)".[42]

Die *ethnologisch-soziale Dimension* transportiert in vielfältiger Form das Bild eines fremden Zigeunervolkes, dessen soziale Unangepaßtheit wesensmäßiger Ausdruck seiner Primitivität sei.

Über diese werden einerseits fortlaufend neue wissenschaftliche Erkenntnisse vorgetragen, andererseits wird auf tradierte Kategorien der Stigmatisierung zurückgegriffen. Sie werden in einem langwierigen Prozess rassistischer Konstruktion immer enger mit der Vorstellung einer fremden Ethnie verwoben.

Die ehemals sozial besetzte Kategorie der Nichtseßhaftigkeit wird dabei durchgängig in die Kategorie Volk eingebettet. Entsprechend gelten die Zigeuner als ein „Nomadenvolk",[43] „nomadisierend(es) Volk",[44] „herumschweifendes ... Volk",[45] „heimatlose(s) Volk",[46] „Wandervolk"[47] oder „räthselhaftes Wandervolk".[48] Auch Wageners Rede vom „vagabundirenden Volke"[49] reiht sich in diesen Zusammenhang ein, denn mit ihr sind weder die notwendigen noch die freiwilligen Vagabunden Zedlers gemeint, sondern gewissermaßen ethnische Vagabunden, die nicht aus sozialer Not oder mangelnder Anpassungsbereitschaft, sondern aus natürlicher Notwendigkeit herumziehen.

Mit der Etikettierung der Zigeuner als geborene Wanderer oder Nomaden werden deren Verhaltensweisen in eine entwicklungsgeschichtliche Opposition zu den zivilisierten Zuständen jener Völker gestellt, unter denen sie leben. Seit der Herausbildung der bürgerlichen Geschichtsphilosophie kennzeichnet nomadisierende Lebensweise die unterste Stufe menschlicher Entwicklung. Verbunden mit der allseits konstatierten Entwicklungsunfähigkeit der Zigeuner wird sie zur dauerhaften zigeunerischen Daseinsweise stilisiert, die deren primitiven Status nachgerade als ehernen Naturzustand festschreibt.

In diesem Sinne entwickeln die Lexika und Enzyklopädien einen ganzen Katalog von zigeunerischen Verhaltensweisen und Gebräuchen, die ihre dem Stadium der Wildheit nahe primitive Entwicklungsstufe indizieren sollen. Sexualität und Eßgewohnheiten gehören ebenso dazu wie mangelnde Religiosität, mutterrechtliche Anschauungen und die Unfähigkeit zu zivilisatorischer Arbeit.

Zahlreiche Lexika beklagen sich über die vermeintlich „losen" Beziehungsverhältnisse der Zigeuner und stellen diese als Menschen dar, die mit den Spielregeln der Zivilisation nicht vertraut sind. So behauptet der Brockhaus 1841, sie wären „wenig genau ... mit der ehelichen Treue".[50] Außerdem zieht sich der Vorwurf einer leichtfertigen Eheschließung durch eine Vielzahl der Artikel.[51] Manchmal wird er gar mit dem bereits bekannten Inzuchtvorwurf angereichert, wie auch Meyers Lexikon von 1871 zeigt: „Ehen zwischen den jungen Leuten, gewöhnlich im 14. oder 15.Jahre, werden ohne große Rücksicht auf Blutsverwandtschaft und fast nur durch gegenseitiges Uebereinkommen geschlossen."[52]

Schiffner charakterisiert die Zigeuner darüber hinaus in diskriminierendem Tonfall als „fast durchaus dürftige Menschen" und bezeichnet sie in diesem Kontext auch als „wollüstig".[53] Die hier unterstellte Wollust erweitert die Distanz zwischen zigeunerischer Ethnizität und Zivilisation. Sie läßt den Zigeuner als einen Menschen erscheinen, der außerstande ist, den für gesellschaftliche Entwicklung angeblich unerläßlichen Triebverzicht zu leisten.

Ein gern angeführtes Indiz für zigeunerische Primitivität stellen nach wie vor auch die Eßgewohnheiten dar. Auf sie anspielend, verkündet zum Beispiel Pierer im Jahre 1836: „(V)on Fleisch aber verschmähen sie nicht nur Hunde, Katzen, Ratten und Mäuse nicht, sondern essen auch von gefallenem Vieh, und ein Viehsterben ist ihnen ein frohes Ereigniß."[54]

Ferner interessieren sich die Lexika nun verstärkt für die religiösen Gebräuche der Zigeuner. Der Brockhaus von 1841 erklärt, daß die Zigeuner ihre religiösen Bräuche meist nach den Ländern richten würden, in denen sie verweilen.[55] Dies geschähe „aber ohne sich irgend um Begriffe und Unterricht von geistlichen Dingen zu kümmern." Herders Lexikon präzisiert: Sie „bekennen sich nur scheinbar zum Christentum, leben nach eigenen Gesetzen u(nd) Bräuchen".[56] Während es hiermit auf die Fremdheit und Andersartigkeit der Zigeuner abzielt, spielt die Brockhaus-Enzyklopädie von 1879 innerhalb ihrer Klassifizierung auf deren Primitivität an und unterstellt den Zigeunern „Mangel an religiösem Sinn".[57] Auch Meyers Lexikon von 1890 glaubt mit ihren religiösen Bräuchen vertraut zu sein und bezeichnet sie gar als „(i)n religiösen Dingen völlig indifferent".⁵⁸ Diese Kennzeichnung spiegelt sich in zahlreichen zeitgenössischen Lexika wider.⁵⁹

Mitte des 19.Jahrhunderts wird die ethnologisch-soziale Dimension um ein neues Konstruktionselement angereichert. Es verortet mutterrechtliche Züge innerhalb der sozialen Struktur der Zigeuner und verweist auf die bedeutsame Rolle der ältesten Frau eines „Zigeunerstammes", der sogenannten „Zigeunermutter".

So kann Pierers Lexikon im Jahre 1836 erstmals berichten: „Das älteste und angesehenste Weib bei der Bande heißt Zigeunermutter. Beide (sie und der Zigeunerhauptmann) führen die Aufsicht über die Bande".⁶⁰ Während vorherige Auflagen noch nichts über mutterrechtliche Züge darzulegen wußten, spricht der Brockhaus von 1841 nun vom „ältesten und angesehensten Weibe, der Zigeunermutter", die gemeinsam mit dem „Zigeunerhauptmann" „eine gewisse Oberleitung führt"⁶¹

Erneut öffnet sich in dieser Konstruktion die Kluft zwischen bürgerlicher Zivilisation und zigeunerischer Ethnizität. Die so betonten mutterrechtlichen Züge verweisen nämlich auf die Abweichung des Zigeuners von den patriarchalen Beziehungsstrukturen der bürgerlichen Gesellschaft. Abermals wird ihm die Fähigkeit zur sozialen Anpassung abgesprochen. Außerdem impliziert das Attribut „Mutterrecht", daß sich die Zigeuner auf einer niedrigen Entwicklungsstufe befinden, gelten doch entsprechende Strukturen in zivilisierten Völkern als lang überholt.

Bei der Behandlung des Verhältnisses der Zigeuner zur Arbeit bleiben die Artikel der Tradition, welche die Zigeuner als ziehende Gauner verstand, doppelt verbunden. Ob Pierer von einem „ohne eigentliches Gewerbe herumschweifende(n), wohl allerlei leichte Beschäftigungen, dabei auch Wahrsagerei, Betrügereien und Diebstahl treibende(n) Volk"⁶² spricht oder Brockhaus festhält, die „herumziehenden Zigeuner verübten meißtens Gaunereien",⁶³ wird jeweils mangelnde Arbeitsbereitschaft mit kriminellem Verhalten verknüpft.

Allerdings wird ersteres nicht mehr als willkürliche Verweigerung bürgerlicher Existenz und deswegen letzteres auch nicht mehr als mutwillige Gesetzesübertretung verstanden. Die Zigeuner werden vielmehr „mit dem Hange zu Betrug und Dieberei"⁶⁴ versehen, „ihre Betrügereien (und) Diebereien" als Verhalten von „lästigen Fremdlinge(n)" betrachtet. In diesem auf natürliche Veranlagung deutenden Licht erscheint auch die Ungebundenheit, die zuvor als Müßiggang gesehen wurde, jetzt als Unfähigkeit zur Arbeit. „Ausdauernde und geregelte Beschäftigung sind dem Z(igeuner) ein Greuel", weiß der Brockhaus, klagt über dessen „Unlust zur Arbeit" und schließt: „Nichtsthun (ist) sein wahres Element."[65]

Herders Lexikon verbindet dieses Element unmittelbar mit dem ethnischen des Nomadenlebens: „Die Z(igeuner) gewöhnen sich an Arbeit und ansäßiges Leben sehr selten".[66]

Meyers Lexikon schließt sich wie das Gros der Lexika des 19. Jahrhunderts dieser Charakterisierung an und betont wie sie den Zusammenhang mangelnder Arbeitsfähigkeit mit kriminellem Verhalten: „Ausdauernde und geregelte Beschäftigung sind dem Z(igeuner) ein Greuel; darum legt er sich auf Betrug und allerhand Täuschereien, Betteln und Diebstahl."[67]

In solche Litanei mischen sich freilich auch andere Klänge, wenn etwa Pierer den Charakter der Zigeuner behandelt, dem „Liebe zur Freiheit oder eigentlich zur Ungebundenheit, dabei zum Betrug und Diebstahl, sowie Trägheit zu Grunde"[68] liege. Spricht Pierer von der Liebe zur Freiheit, so klingt darin ein großes Ideal der Aufklärung an, mit dem der Zigeuner hier in romantisierender Verklärung in Verbindung gerät. Gleichwohl korrigiert sich der Verfasser eilig und wendet die Liebe zur Freiheit in Ungebundenheit. Dies indiziert, daß die ungebundene Freiheit der Zigeuner sich außerhalb der Ordnungsprinzipien der bürgerlichen Gesellschaft bewegt, ja daß sie durch ihre Verbindung mit Betrug und Diebstahl sogar im offenen Widerspruch zu ihr steht.

„Nie haben sie ihre Wohlthäter geliebt, nie ihre Verfolger gehaßt; ihre einzige Leidenschaft ist die Liebe zur persönlichen Freiheit. Ueberall, wo sie frei waren, waren sie glücklich."[69] Vor diesem einfühlsam anmutenden Fazit erklärt Wagener in ähnlich sentimentalem Tonfall, daß „ihre Töchter die Jugend vor Lust und Liebe trunken machten in ihren üppigen Tänzen und zügellosen Gesängen, ... (während) die Männer jede Art von Dienstleistung (übernahmen), die ihre Unabhängigkeit unangefochten ließ." Die den Zigeunern zugeschriebene Freiheit folgt nicht dem Diktat der Triebbeherrschung, fügt sich nicht in den Rahmen einer bürgerlichen Normenordnung, sondern ist vielmehr eine leidenschaftliche, ja „zügellose" Freiheit, aus der die Stimme der Unabhängigkeit und Selbstbestimmung spricht.[70]

Sie steht im Zentrum der romantischen Dimension des Zigeunerstereotyps, welche, in den Ethnisierungsprozess eingewoben, verklärte Vorstellungen eines von Arbeitszwang und Triebregulierung befreiten, unentfremdeten Lebens auf den Zigeuner abbildet. So spiegelt die Liebe des Zigeuners zur Freiheit Sehnsüchte nach einem von den Zwängen der Zivilisation losgelösten, herrschaftsfreien und ungebundenen Leben wider. Die romantische Dimension öffnet auf diese Weise ein Ventil zur Klage und bindet über Projektion Kritikpotential aus der bürgerlichen Gesellschaft. Auch in der Brockhaus-Enzyklopädie von 1879 klingt Kritik am gesellschaftlichen Fortschritt an, wenn sie in melancholisch verklärendem Ton vom „romantischen Stamm" der Zigeuner spricht, über den „die alles gleichmachende Civilisation ... hinzufahren"[71] beginne.

Ein weiteres Element dieser Dimension schreibt dem Zigeuner eine ungewöhnliche Veranlagung zur Musik zu. Entsprechende Talente hervorhebend, berichtet der Brockhaus von 1830: „Man rühmt ihre musikalische Anlage ... Ihre Tanzmusik ist froh und gefühlvoll".[72] Noch andere Lexika wissen um ihre Verbundenheit mit der Musik und stellen diese als eine ihrer Haupttätigkeiten dar.[73] Solche Charakterisierung präsentiert den Zigeuner als Anhänger „primitiver Gaukelkünste", impliziert jedoch gleichermaßen, daß er sich keinen Zwängen unterwerfe und mache, wozu er geboren sei.

Als Resultat der begrifflichen Bemühungen der Enzyklopädien und Lexika des 19.Jahrhunderts zeigt sich das Zigeunerstereotyp ethnologisch verwandelt. Zigeunerische Fremdheit ist aus einem Signum sozialer Unangepaßtheit zur Bezeichnung kultureller Differenz geworden. Sozial abweichendes Verhalten erscheint durch eine Amalgamierung mit rassistischen Begründungsmustern als Ausdruck solcher Fremdheit. Sie stempelt den Zigeuner zum lebendigen entwicklungshistorischen Fossil; mit dem Stigma einer wesensbedingten Unfähigkeit zur Anpassung und Entwicklung versehen, wird er zurück auf eine Vorstufe menschlicher Zivilisation geworfen.

Insofern verfährt der lexikalische Ethnisierungsprozess keineswegs uninteressiert und deskriptiv. Er bemüht sich vielmehr um die Herausarbeitung einer allen Fortschritt ausschließenden Distanz zwischen den in primitiver Wildheit lebenden Zigeunern und den entwickelten Zuständen zivilisierter Gesellschaften.

Dieses Konstrukt erweist sich gleich in zweifacher Hinsicht als ideologisch fruchtbar. Zum einen lassen sich Herrschaft und Entfremdung als unabdingbar für die Errungenschaften der Zivilisation darstellen. Denn das Zerrbild der ethnisch zur Entwicklungslosigkeit verurteilten Zigeuner ist der ideale Kontrapunkt jener romantischen Sehnsüchte nach einem von Herrschaft und Zwang befreiten goldenen Zeitalter, welche all denen verführerisch im Ohr klingen mußten, die unter den Lasten der Entwicklung zur Moderne litten. Die mitten unter ihnen lebenden Zigeuner waren ihnen als stete Mahnung zugedacht. An ihnen ließ sich ablesen, wie wenig es sich auszahlte, den Versuchungen der praktischen Kritik an der Zivilisation nachzugeben.

Darüber hinaus kann das ethnisierte Zigeunerstereotyp dazu beitragen, die der bürgerlichen Gesellschaft innewohnende soziale Dynamik der Deklassierung zu neutralisieren. Zwar überlagert die Ethnisierung den zuvor im Vordergrund stehenden Aspekt sozialer Desintegration. Sie verschüttet ihn aber nicht. Vielmehr fließt der Gehalt der alten Stigmatisierungsmuster in das ein, was nunmehr als zigeunerische Ethnizität gilt. Das wird vor allem dann besonders deutlich, wenn man bedenkt, daß die lexikalische Begriffsentwicklung nur ein Teil eines umfassenden Gesamtkonstruktes Zigeuner ist. Während sie sich dessen Ethnisierung widmet, hält etwa die juristische Terminologie seine soziale Dimension uneingeschränkt aufrecht. Ähnliches läßt sich auch aus den Definitionen verschiedener Wörterbücher ablesen, in denen ebenfalls an der alten Attitüde des Zigeunerstereotyps festgehalten wird. So verweist beispielsweise Sanders in verschiedenen Ausgaben wie selbstverständlich darauf, daß die Kategorie ebenfalls auf „Personen, die den Zigeunern in Etwas ähnlich sind",[74] anzuwenden sei. Das Zigeunerstereotyp läßt sich also auch nach seiner Ethnisierung auf sozial deklassierte Gruppen übertragen.

Allerdings hat sich seine innere Dynamik umgekehrt. War Zigeuner zuvor die Bezeichnung für einen Menschen mit sozial abweichendem Verhalten, das er allenfalls mit dem Anstrich von Fremdheit zu tarnen trachtete, so können jetzt all jene, denen es nicht gelingt, sich den gesellschaftlichen Verhältnissen anzupassen und zu fügen, als fremdartige Zigeuner verdächtigt werden.

Die sich in den Enzyklopädien und Lexika ebenso niederschlagende wie von ihnen beförderte begriffliche Wandlung des Zigeunerstereotyps zur Bezeichnung einer fremden Ethnie, deren Eigenarten sich in Hautfarbe und Physiognomie, in Sitten, Gebräuchen und Kultur niederschlage, enthält wesentliche Elemente rassistischer Klassifizierung. Die Bezeichnung Rasse selbst taucht dabei allerdings zunächst nur selten und beiläufig auf, so etwa, wo Wagener es für unwahrscheinlich hält, daß „diese Race jemals für die bürgerliche Gesellschaft zu gewinnen"[75] sei.

Systematisch wird die kategoriale Verbindung von Zigeuner und Rasse im 20. Jahrhundert vorgenommen. Im Verein mit anderen Bestrebungen, wie etwa jenen der Rassenhygiene, befördert sie die Herausbildung eines zusehends rassistisch gefärbten Verständnisses sozialer Desintegration. Es führt bei den angeblich sozial Minderwertigen über den Begriff der Degeneration, bei den Zigeunern über die Vorstellung ethnischer Disposition zur Behauptung letztlich veranlagungsbedingter Asozialität.

Unter dem Kapitel „Bekämpfung des Zigeunerwesens" charakterisiert das 1932 von der Görres-Gesellschaft herausgegebene Staatslexikon den Zigeuner als Teil einer „typisch asozialen Bevölkerungsschicht", von der „dauernd Belästigungen u(nd) Ordnungsstörungen ..., dazu Verbrechen ernster Art"[76] ausgingen. Anschließend werden die Zigeuner ins gesellschaftliche Abseits gerückt, wenn vom Wandergewerbe die Rede ist, welches „zumeißt nur als Deckmantel für ihr asoziales Treiben, als ›Z(igeuner)-Schutz‹ dien(en)"[77] würde. Der 1942 erschienene Neue Brockhaus bringt das angeblich asoziale Wesen der Zigeuner auf die kurze ideologische Formel: „Fast immer sind sie Schmarotzer am Wirtsvolk; häufig schließen sich ihnen auch andere Asoziale an".[78] Sacher bescheinigt den Zigeunern ebenfalls eine „nomaden- u(nd) parasitenhafte Lebensweise" und weist ihnen im gleichen Atemzug eine „parasitäre Stellung inmitten seßhafter Bevölkerung" zu. Ferner wird festgestellt: „Versuche, ... das Übel an der Wurzel durch Ansiedlung auszutilgen ..., hat die neuere Zeit wegen der schlechten Erfahrungen nicht wiederholt".[79]

Die dergestalt durch einen „nomadisierenden Parasiten" repräsentierte Asozialität ist rassistisch aufgeladen und mit der Aura eines natürlichen, unveränderbaren Zustandes umgeben. Auch die Brockhaus-Enzyklopädie von 1935 beteuert, „weder blutige Verfolgungen noch wohlgemeinte Gesittungsbestrebungen" hätten „das Wesen der Z(igeuner) verändern oder ihre Zahl vermindern können."[80] Daß dieses zigeunerische Wesen ebenso asozial wie primitiv ist, scheint ihr unumstritten. Sie kann daher, konsequent das sozialhistorische Entwicklungsstadium der Jäger und Sammler mit dem sozialpolitischen Makel der Kriminalität verbindend, fortfahren: „Die Zigeuner sind Sammler. Im ›Finden‹, d.h. Stehlen, sind sie äußerst geschickt."[81]

Diese Asozialität sei Ausdruck einer fremden Rasse beziehungsweise eines fremden Rassengemisches. Sacher klassifiziert die Zigeuner 1932 als einen „Rassentypus, der freilich schon an sich der eines Mischvolks mit verschiedensten Beimengungen"[82] sei. Konkretisierend berichtet er von dessen „merkwürdig zäh bewahrter raßlicher u(nd) kultureller Eigenart u(nd) ... (seinem) deutlich nomadische(n) Grundcharakter." In diesem Sinne sind die Zigeuner kein fremdes, sondern ein „eigenartiges ... (V)olk".

Die Problematik dieser vermeintlichen Eigenartigkeit erläutert der Artikel unter Rückgriff auf tradierte Zigeunermerkmale. So meint er, daß die „eigentliche Religion (der Zigeuner) ... ein primitiver Naturglaube" sei. Ferner betont er die „(a)uffallende(n) Züge mutterrechtlicher Art" und bemerkt, daß unter Zigeunern „als typisch nomadenhafter Zug eine große Machtvollkommenheit des Stammeshäuptlings" herrsche. Elementares Kennzeichen vermeintlicher rassischer und kultureller Eigenart des Zigeuners ist also eine von überholten Glaubensvorstellungen, matriachalen Beziehungen, Nomadentum und Häuptlingswesen geprägte Primitivität.

Auch die Brockhaus-Enzyklopädie von 1935 wundert sich, nachdem sie den Zigeuner dem indischen Rassengemisch zugeordnet hat, über die „völkische Ursprünglichkeit und Eigenart" dieses „unstete(n) Wandervolk(es)".[83] Daß diese Eigenart primitiv sei, scheint ihr ausgemacht. So berichtet sie, daß sich der Zigeuner „(h)insichtlich der Nahrung" äußerst anspruchslos verhielte und seine Kleider trüge „bis sie schließlich vom Leibe fallen."

Weiter auf bewährte Muster zurückgreifend, schreibt sie den Zigeunern ein Leben „in Häuptlingsschaften" zu, in denen die „Zigeunermutter" als „Hüterin der Stammessitte" eine bedeutsame Rolle einnehme. Auch „Blutrache" und „Brautraub", also zwei von der

Zivilisation schon lang überwundene Rituale, werden jetzt als Indizien zigeunerischer Primitivität benannt. Zu ihr rechnet schließlich auch der Naturglaube der Zigeuner, fürchten sie doch „Krankheitsdämonen" und den „bösen Blick". Im gleichen Jahr bestätigt Herders Lexikon, daß sich das Zigeunervolk durch „Sprache, Sitten u(nd) Rassenmerkmale von den umwohnenden Völkern überall stark unterscheide(n)"[84] würde.

Das rassistische Zigeunerstereotyp ist nunmehr voll entfaltet. „Asozialität" und „Primitivität" sind Ausdruck angeblich rassischer Eigenart des Zigeuners. Beide erscheinen, in der Bewertung neu gefaßt, als innere genetische Disposition oder eben wesensbedingte Merkmale einer fremden Rasse. An dieser Ausprägung des Zigeunerstereotyps haben zahlreiche Lexika und Enzyklopädien bis in die jüngste Vergangenheit hinein festgehalten, und auch gegenwärtig ist es in dieser Form nicht etwa verschwunden.

Zwar ist es nach 1945 zu gelegentlichen sprachlichen Reinigungsmaßnahmen gekommen. Sie haben sich aber schnell als bloße Begriffsquarantäne herausgestellt, mit der die Kategorie Rasse nur vorübergehend belegt wurde. So wird der Rassebegriff zum Beispiel aus der 1957 erschienenen Brockhaus-Enzyklopädie herausgenommen. Hier ist nicht mehr vom „Rassentypus" sondern nur vom „Typus" der Zigeuner die Rede, der „nach Indien als Ursprungsland"[85] verweisen würde. Doch bereits in der folgenden Auflage von 1974 heißt es dann wieder mit gewohntem Zungenschlag: „Ihrer Rasse nach weisen die Z(igeuner) viele Züge auf, die Indien als das Ursprungsland erkennen lassen."[86] Auch 1981 sieht der Brockhaus-Verlag keinen Anlaß, diese Formulierung zu überdenken.[87]

Mit dieser Terminologie werden ungebrochen die alten Inhalte transportiert. Der Brockhaus knüpft in seiner 16.Auflage 1957 unmittelbar an die Ausgaben von 1935 und 1942 an und unterteilt die Zigeuner in „einen grazilen Konstitutionstyp mit regelmäßigen Gesichtszügen und schmaler Adlernase und einem grobknochigen mit stumpfer Nase und oft schwammigem Gesicht."[88] Ähnlich verfährt Herders Lexikon, das sich 1956 sicher ist, daß sich „(t)rotz mancher Vermischung ... der urspr(ünglich) indide Rassentypus (schlank, mittelgroß, braune Haut, schwarze Haare, dunkle Augen, eigentüml(iche) Augen- und Nasenform) nachweisen"[89] ließe.

Das Donauland-Lexikon von 1969 bekräftigt: Die Zigeuner „stammen nach Aussage ihrer Sprache und rass(ischen) Grundlage aus NW.-Indien" und hätten „unter den verschiedensten Wirtsvölkern mit deren Blut auch Teile ihrer Sprache und Kultur übernommen".[90] Meyers Lexikon schließt sich 1979 dieser Interpretation an und bemerkt, daß „(i)hr Rassentypus ... durch ihre Vermischung mit Menschen aus wohl allen durchgezogenen Ländern beeinflußt"[91] sei.

Bezeichnenderweise werden darüber hinaus auch alle für die Primitivität der Zigeuner stehenden Stigmata fortgeschrieben. An den Kriterien, die sie rassistisch als eine versprengte und primitive Rasse brandmarken, wird also festgehalten. So bleibt der Zigeuner weiterhin mit einer naturwüchsigen, nomadischen Lebensweise versehen und firmiert entsprechend unter Kategorien wie „Wandervolk",[92] „unstetes Volk"[93] oder fällt durch seine „ganz primitive, unstete Lebensweise"[94] auf. Der grosse Herder bewegt sich völlig in der inneren Logik dieses Stereotyps, wenn er 1956 versucht, die Verfolgung und Ermordung von Sinti und Roma im Nationalsozialismus ihnen selbst anzulasten. „Die Problematik der Z(igeuner)" liege darin, „daß sie als Nomaden kaum in die seßhaften Kulturen der Wirtsvölker eingegliedert werden können". Sie wären „deshalb vom nat(ional)-soz(ialistischen) Regime verfolgt u(nd) teilweise nach Polen deportiert und ausgerottet"[95] worden.

Das Lexikon 2000 unterrichtet sein Lesepublikum noch 1973 über einen zigeunerischen Wandertrieb und erklärt: „Das fahrende Volk der Zigeuner errichtet auch heute noch seine Wohnwagen-Kolonien am Stadtrand nur über den Winter und bricht seine ... Zelte von einem Tag zum andern ab, sobald mit der Frühlingssonne der Wandertrieb wieder erwacht." Auch in diesem Sinne betrachtet es die Zigeuner als „ihre Andersartigkeit pflegende Fremdlinge".[96] Außerdem gelten wohlbekannte Gebräuche wie „Natur- und Geisterglauben",[97] „mutterrechtliche Anschauungen"[98] und „Häupttlingswesen"[99] nach wie vor als Zigeunercharakteristika.

Ebenso bleibt der Zigeuner mit dem rassistischen Etikett der Asozialität behaftet. Hier geht die Kontinuität der Stigmatisierung mit der Kontinuität der verwendeten Kategorien einher. In der Brockhaus-Enzyklopädie von 1935 war vom „›Finden‹, d.h. Stehlen"[100] als dem eigentlichen Gewerbe der Zigeuner die Rede. Die Auflage von 1957 übernimmt diesen Begriff, freilich nun ohne den „erklärenden" Zusatz, und bemerkt: „Den dürftigen Unterhalt ergattern die Frauen durch Hausieren, Betteln und ›Finden‹ von Lebensmitteln."[101] In der Ausgabe von 1981 heißt es kurz: „In der Bundesrep(ublik) D(eutschland) sind die Z(igeuner) heute oft nur Sozialrenten-, Kindergeld und Wiedergutmachungsempfänger."[102]

Daß die Zigeuner von Natur aus rechtschaffene Arbeit scheuen, erinnert bereits die Auflage von 1974. In subtiler Form auf die überlieferte Tradition zurückgreifend, erklärt sie: „Den freien Berufen ist der Z(igeuner) zugetan, da ihm geregelte Arbeitszeit ungewohnt ist und der feste Arbeitsplatz ihn einengt."[103] Auch Meyers Enzyklopädisches Lexikon bemüht sich noch 1979 auf seine wesensbedingte Unfähigkeit zur Integration in den regulären Arbeitsprozess der modernen kapitalistischen Gesellschaft hinzuweisen. Dort heißt es dann in aller Deutlichkeit: „Planendes Wirtschaften und (fortgesetzte) abhängige Arbeit sind der Natur des Z(igeuner)s jedoch fremd."[104]

Die überwiegende Anzahl der Enzyklopädien und Lexika hat sich damit bis heute nicht von jener Tradition gelöst, die mit dem Ethnisierungsprozess des Zigeunerstereotyps im Gefolge der Aufklärung beginnt und schließlich in die Kategorie des Rassezigeuners mündet.

Nach wie vor tragen sie dazu bei, das rassistische Amalgam aus der Stigmatisierung sozialer Entwurzelung und Unangepaßtheit und der Konstruktion einer unentwickelten, zum Fortschritt nicht fähigen fremden Ethnie zu verbreiten. Sinti und Roma finden sich als Zigeuner einer Kategorie subsumiert, welche sie zu Menschen erklärt, die von Natur aus den Anforderungen der Moderne nicht genügen können. Angehörige sozial depravierter Schichten sind als zigeunerhaft lebend in diese Vorstellung einbezogen. Zur Abweichung erklärtes soziales Verhalten wird mit der Aura naturgegebener Unfähigkeit zur Anpassung umgeben.

Als ideologisches Menetekel der bürgerlichen Gesellschaft beharrt die rassistische Konstruktion des Zigeuners darauf, daß soziale Abweichungen und Auffälligkeiten nicht Ausdruck herrschaftlicher Verwerfungen, sondern Folge wesensmäßiger Asozialität seien.

Die Dialektik solchen Konzepts nährt sich daraus, daß Zigeuner als rückständige, zur Entwicklung und Anpassung nicht fähige Fremde konstruiert werden und gleichermaßen unterstellt wird, mangelnde soziale Integration sei ihrerseits Zeichen eines zigeunerischen Wesens. Gesellschaftliche Ausgrenzung und Deklassierung wird rassistisch gewendet und in ihr genaues Gegenteil, eine wesensbedingte Unfähigkeit zur Integration in die bürgerliche Gesellschaft verkehrt. Den Opfern eines herrschaftlich bestimmten Prozesses der Ausgrenzung und Aussonderung wird damit empfohlen, ihre Lage der eigenen Unfähigkeit zur Erfüllung bürgerlicher Normen zuzuschreiben.

Anmerkungen

1 Diese Studie wurde erstmals 1996 im Duisburger Institut für Sprach- und Sozialforschung (DISS) publiziert. Sie erschien in dem von Wulf D. Hund herausgegebenen Band: Zigeuner. Geschichte und Struktur einer rassistischen Konstruktion. Ich möchte dem DISS herzlich dafür danken, daß es die erneute Veröffentlichung meines Beitrages ermöglicht hat.
2 Vgl. Brockhaus 1994 (a), s.v. Zigeuner und Brockhaus 1993, s.v. Sinti und Roma. Das Zitat findet sich a.a.O., S.324. Lexika und Enzyklopädien werden hier und weiterhin mit Kurztitel und Erscheinungsjahr zitiert; zu den vollständigen Angaben vgl. jeweils das Quellenverzeichnis im Anhang.
3 Vgl. Brockhaus 1994 (b), S.1105.
4 Auch wenn neueste Auflagen verschiedener Lexika und Enzyklopädien das Stichwort Sinti und Roma als Eigenbezeichnung aufnehmen, befindet sich der eigentliche Artikel nach wie vor unter dem Stichwort Zigeuner (vgl. Knauer 1995, S.1110; Meyer 1995, S.784; Duden 1995, S.784). Eine Ausnahme stellt Meyers grosses Handlexikon von 1994 dar (vgl. Meyer 1994, S.728). Zur Einführung in die Geschichte deutschsprachiger Lexika und Enzyklopädien vgl. G.A.Zischka: Index Lexicorum: Bibliographie der lexikalischen Nachschlagewerke. Wien 1959; vgl. auch W.Lenz: Kleine Geschichte Großer Lexika. Gütersloh 1980. Zischka spricht von der Aufklärung als „enzyklopädische(m) Zeitalter", in dem den Lexika und Enzyklopädien die Rolle eines Mittlers der aufklärerischen Ideen zukam (vgl. Zischka, a.a.O., S.12. u. S.39).
5 Brockhaus 1993, S.323.
6 Mit vierundsechzig Bänden und weiteren vier Ergänzungsbänden ist dies das umfangreichste unter den abgeschlossenen Lexika deutscher Sprache – vgl. Zischka (wie Anm.3), S.40. Der Artikel zum Stichwort Zigeuner umfaßt immerhin 25 Seiten.
7 Vgl. Zedler 1749, S.523.
8 A.a.O., S.522.
9 A.a.O., S.525.
10 A.a.O., S.525f.
11 A.a.O., S.523. Auch Fritschens „Allgemeines historisches Lexicon" aus dem

Jahre 1732 behauptet, daß „sie sich durch ihre Dieberei... verhaßt gemacht" haben (Fritschens 1732, S.295). Zedler unterstellt ihnen ein unangepaßtes soziales Verhalten zudem in Ausführungen über „Taufbetrug", „Spionagetätigkeit" und „zigeunerische Bettel-Banden" (vgl. Zedler 1749, S.523ff.).

12 A.a.O., S.527f.
13 A.a.O., S.543.
14 So gelten die Zigeuner Zedler auch als „Betrüger, die sich mit allerhand Lügen von ihren eigenen Umständen zu behelffen suchten" (a.a.O., S.523).
15 A.a.O., S.525.
16 Ebenda. Eine vergleichbare interpretatorische Umformung nimmt auch Jablonskies „Allgemeines Lexicon der Künste und Wissenschaften" aus dem Jahre 1767 vor. So versichert es zunächst, daß sich dieses „umschweifende() müßige() Gesindel ... seines Ursprunges aus Aegypten rühmt", um dann fortzufahren: „In der That aber sind es boshafte, aus allerley Volke zusammengerottete Leute, die an keinem Ort beständig zu bleiben, oder sich redlich zu nähren begehren, sondern mit Betteln, Betriegen, Stehlen, oder wohl offenbarem Rauben umgehen, sich auf allerley verdächtige Künste legen, das gemeine Volk mit ihrem angemaßten Wahrsagen äffen, Feuer besprechen, Schätze graben u.d.g. mehr vorgeben, und dadurch den Einfältigen das Geld abschwazen, auch andere brodtlose Künste mehr treiben" (Jablonskie 1767, S.1831).
17 Zedler, 1749, S.524.
18 Zedler, 1740, S.992f.
19 Zedler, 1749, S.522.
20 Zedler, 1745, S.93f. Dort finden sich auch die folgenden Zitate.
21 M.Stolleis: Die Ausgrenzung der Fremden im frühmodernen Staat. In: MPG-Spiegel: Aktuelle Informationen für Mitarbeiter und Freunde der Max-Planck-Gesellschaft. München 1993, 5, S.28. Dort findet sich auch das folgende Zitat. Marx behandelt diesen sozialen Umwälzungsprozeß unter dem Begriff der ursprünglichen Akkumulation: „Die durch Auflösung der feudalen Gefolgschaften und durch stoßweise, gewaltsame Expropriation von Grund und Boden Verjagten, dies vogelfreie Proletariat konnte unmöglich ebenso rasch von der aufkommenden Manufaktur absorbiert werden, als es auf die Welt gesetzt ward. Andererseits konnten die plötzlich aus ihrer gewohnten Lebensbahn Herausgeschleuderten sich nicht ebenso plötzlich in die Disziplin des neuen Zustandes finden. Sie verwandelten sich massenhaft in Bettler, Räuber, Vagabunden" (K.Marx: Das Kapital. Kritik der politischen Ökonomie. Bd.1, MEW 23, Berlin 1962, S.761f.).
22 Zedler 1749, S.527. Dort findet sich auch das folgende Zitat.
23 Ch.Wurstisius: Bassler Chronick zum Jahre 1422. Basel 1580. Abgedruckt bei R.Gronemeyer: Zigeuner im Spiegel früher Chroniken und Abhandlungen. Gießen 1987, S.39.
24 Brockhaus 1820, S.896; ebenso Brockhaus 1830, S.514; Brockhaus 1837, S.490; vgl. auch: Brockhaus 1848, S.548; Brockhaus 1855, S.415.
25 Eine Übersicht bietet G.L.Mosse: Die Geschichte des Rassismus in Europa.

Frankfurt am Main 1990, S.43ff.
26 Vgl. Brockhaus 1820, S.896ff.; dort finden sich alle im folgenden nicht näher gekennzeichneten Zitate.
27 Brockhaus 1848, S.549.
28 Ebenda.
29 Brockhaus 1830, S.515.
30 Vgl. Pierer 1836, S.662.
31 Brockhaus 1837, S.490.
32 Vgl. Brockhaus 1848, S.549.
33 Brockhaus 1887, S.911.
34 Meyer 1890, S.904. Dort finden sich auch die folgenden Zitate.
35 Pierer 1836, S.662.
36 Brockhaus 1879, S.811. Dort, S.813 findet sich auch das folgende Zitat.
37 Brockhaus 1830, S.515; eine ähnliche Verknüpfung von Physiognomie und Charaktereigenschaften des Zigeuners wird auch vorgenommen bei: Brockhaus 1837, S.491; Brockhaus 1841, S.802; Brockhaus 1848, S.549; Meyer 1909, S.926.
38 Meyer 1890, S.904.
39 Vgl. hierzu: Brockhaus 1830, S.516; Pierer 1836, S.663ff.; Brockhaus 1837, S.492; Brockhaus 1841, S.801; Pierer 1846, S.469f.; Brockhaus 1903, S.973; Meyer 1909, S.926; Meyer 1930, S.1788.
40 Brockhaus 1848, S.548.
41 Meyer 1871, S.1078.
42 Manz 1873, S.1115.
43 Brockhaus 1830, S.514.
44 Schiffner 1831, S.543.
45 Pierer 1836, S.661, vgl. auch Pierer 1846, S.468.
46 Brockhaus 1841, S.801.
47 Heyse 1849, S.2089; vgl. auch: Herder 1857, S.782; Manz 1873, S.1115; Brockhaus 1879, S.811; Brockhaus 1895, S.969; Brockhaus 1903, S.970; Meyer 1909, S.924; Meyer 1930, S.1786.
48 Meyer 1871, S.1077; ebenso Meyer 1890, S.903.
49 Wagener 1867, S.18.
50 Brockhaus 1841, S.802; vgl. auch: Brockhaus 1830, S.516; Brockhaus 1837, S.491; Pierer 1836, S.663; Pierer 1846, S.469; Brockhaus 1848, S.550.
51 vgl. hierzu: Brockhaus 1830, S.515; Pierer 1836, S.663; Brockhaus 1837, S.491; Brockhaus 1848, S.549; Manz 1873, S.1115.
52 Meyer 1871, S.1079; eine nahezu identische Formulierung findet sich auch in der Brockhaus-Enzyklopädie von 1879 (vgl. Brockhaus 1879, S.813).
53 Schiffner 1831, S.534.
54 Pierer 1836, S.662; vgl. auch Pierer 1846, S.469; Meyer 1871, S.1079; Brockhaus 1837, S.491; Brockhaus 1841, S.802; Brockhaus 1848, S.549; Brockhaus 1879, S.813; Brockhaus 1895, S.971; Brockhaus 1903, S.972.
55 Vgl. Brockhaus 1841, S.802. Dort findet sich auch das folgende Zitat.
56 Herder 1857, S.782.

57 Brockhaus 1879, S.813.
58 Meyer 1890, S.904.
59 Wie schon im Brockhaus 1820, S.897 heißt es im Brockhaus 1830, S.515 gleichlautend: „Eine eigentliche Religion haben sie nicht." Identische Formulierungen finden sich bei Pierer 1836, S.663; Brockhaus 1837, S.491 und bei Pierer 1846, S.469; vgl. auch: Brockhaus 1848, S.549 und Meyer 1871, S.1079.
60 Pierer 1836, S.662. Die Bezeichnung „Bande" assoziiert ein Bild zigeunerischer Lebensweise, das der Struktur von Räuberbanden gleicht. Zigeunerische Ethnizität wird hier mit einer eigentlich sozialen Stigmatisierungskategorie besetzt und somit ins gesellschaftliche Abseits der Kriminalität verbannt (vgl. auch: Pierer 1846, S.468).
61 Brockhaus 1841, S.801.
62 Pierer 1836, S.661.
63 Brockhaus 1830, S.515.
64 Brockhaus 1841, S.802. Das folgende Zitat findet sich a.a.O., S.801.
65 Brockhaus 1879, S.813f.
66 Herder 1857, S.782.
67 Meyer 1871, S.1079; vgl. u.a.: Brockhaus 1830, S.515; Pierer 1846, S.468; Brockhaus 1848, S.549; Meyer 1890, S.904; Brockhaus 1903, S.973; Meyer 1909, S.926.
68 Pierer 1836, S.662; vgl. hierzu auch Pierer 1846, S.468.
69 Wagener 1867, S.13. Dort finden sich auch die folgenden Zitate.
70 Diese Vorstellung zigeunerischer Freiheit zieht sich durch verschiedene Lexika des 19.Jahrhunderts; vgl. hierzu u.a.: Pierer 1836, S.662; Pierer 1846, S.468; Brockhaus 1841, S.802; Brockhaus 1848, S.549; Brockhaus 1879, S.811.
71 Brockhaus 1879, S.812.
72 Brockhaus 1830, S.515.
73 Vgl. hierzu u.a.: Pierer 1836, S.662; Brockhaus 1837, S.491; Brockhaus 1841, S.801f.; Pierer 1846, S.469.; Brockhaus 1848, S.549; Herder 1857, S.782; Meyer 1871, S.1079; Brockhaus 1879, S.813; Meyer 1890, S.904; Brockhaus 1895, S.972; Brockhaus 1903, S.973; Meyer 1909, S.926.
74 Sanders 1865, S.1765; ebenso auch Sanders 1876, S.1765; Sanders 1912, S.870. Vergleichbare Übertragungen des Begriffes finden sich auch noch bei: Mackensen 1956, S.645; Mackensen 1977, S.1195; Duden 1983, S.475; Kluge 1989, S.813; Duden 1990, S.828.
75 Wagener 1867, S.20. Ferner ist hier auch in Verbindung mit einem „Menschenschlag" in Norwegen von einer „Menschenrace" die Rede, die „ursprünglich aus ächten Z(igeunern)" bestehe (vgl. Wagener 1867, S.19). Im Zusammenhang von in „Syrien, Aegypten und Persien" lebenden Zigeunern weist der Artikel in einer Fußnote desweiteren darauf hin, daß „(i)n diesen Ländern ... diese geheimnißvolle Race in verschiedenen Stämmen zerstreut" lebe (a.a.O., S.23).
76 Sacher 1932, S.1596.

77 A.a.O, S.1599.
78 Brockhaus 1942, S.808.
79 Sacher 1932, S.1595f.
80 Brockhaus 1935, S.631; vgl. Brockhaus 1942, S.808. Schon in den Lexika des 19.Jahrhunderts war auf die „vergeblichen Bemühungen" hingewiesen worden, die Zigeuner seßhaft zu machen. Vgl. hierzu u.a.: Brockhaus 1830, S.516; Pierer 1836, S.664; Pierer 1846, S.470; Meyer 1871, S.1079; Manz 1873, S.1115; Brockhaus 1879, S.814.
81 Brockhaus 1935, S.630.
82 Sacher 1932, S.1596. Dort, S.1594f. finden sich auch die folgenden Zitate.
83 Brockhaus 1935, S.630. Dort, S.630f. finden sich auch die folgenden Zitate.
84 Herder 1935, S.1506 Auch der Brockhaus von 1942 beschäftigt sich mit der „rassischen Prägung" der Zigeuner (Brockhaus 1942, S.808).
85 Brockhaus 1957, S.698.
86 Brockhaus 1974, S.684.
87 Brockhaus 1981, S.585.
88 Brockhaus 1957, S.698 (Fehler wie im Original). Eine grammatisch korrigierte, inhaltlich jedoch identische Formulierung findet sich in den folgenden Auflagen von 1974 und 1981 (Brockhaus 1974, S.684; Brockhaus 1981, S.585).
89 Herder 1956, S.1441; so auch Herder 1949, S.5017.
90 Donauland 1969, S.675.
91 Meyer 1979, S.713.
92 Herder 1949, S.5017; Herder 1956, S.1442; Brockhaus 1957, S.698; Meyer 1971, S.605; vgl. auch Brockhaus 1971, S.605.
93 Duden 1962, S.2407; vgl. Mohr 1989, S.560.
94 Brockhaus 1957, S.698.
95 Herder 1956, S.1442.
96 Seibert 1973, S.5322.
97 Herder 1949, S.5017; Herder 1956, S.1442; vgl. auch: Brockhaus 1957, S.699; Seibert 1973, S.5322; Brockhaus 1974, S.684; Brockhaus 1981, S.585.
98 Herder 1949, S.5017; Herder 1956, S.1441; vgl. auch: Brockhaus 1957, S.698; Brockhaus 1971, S.605; Seibert 1973, S.5322; Bertelsmann 1974, S.337.
99 Duden 1962, S.2407; vgl. auch: Bertelsmann 1955, S.966; Brockhaus 1957, S.698; Brockhaus 1971, S.605; Seibert 1973, S.5322; Bertelsmann 1974, S.337.
100 Brockhaus 1935, S.630; vgl. auch Brockhaus 1942, S.808.
101 Brockhaus 1957, S.699.
102 Brockhaus 1981, S.586; vgl. auch Brockhaus 1974, S.687.
103 Brockhaus 1974, S.687.
104 Meyer 1979, S.714.

Quellenverzeichnis

Adelung 1808: Adelung, Johann Christoph, „Grammatisch-kritisches Wörterbuch der Hochdeutschen Mundart", 4.Band, Wien.
Bertelsmann 1955: „Das Bertelsmann Lexikon in vier Bänden", 4.Band, Gütersloh.
Bertelsmann 1974: „Das Bertelsmann Lexikon in zehn Bänden", 10.Band, Gütersloh, Berlin.
Brockhaus 1820: „Real-Encyclopädie oder Conversations-Lexicon", 5.Auflage, 10.Band, Leipzig.
Brockhaus 1830: „Allgemeine deutsche Real-Encyclopädie für die gebildeten Stände. Conversations-Lexikon", 7.Auflage, 12.Band, Leipzig.
Brockhaus 1837: „Allgemeine deutsche Real-Encyclopädie für die gebildeten Stände. Conversations-Lexikon", 8.Auflage, 12.Band, Leipzig.
Brockhaus 1841: „Bilder-Conversations-Lexikon für das deutsche Volk", 4.Band, Leipzig.
Brockhaus 1848: „Allgemeine deutsche Real-Enzyclopädie für die gebildeten Stände. Conversations-Lexikon", 9.Auflage, 15.Band, Leipzig.
Brockhaus 1855: „Allgemeine deutsche Real-Encyclopädie für die gebildeten Stände. Conversations-Lexikon", 10.Auflage, 15.Band, Leipzig.
Brockhaus 1868: „Allgemeine deutsche Real-Encyklopädie für die gebildeten Stände. Conversations-Lexikon", 11.Auflage, 15.Band, Leipzig.
Brockhaus 1879: „Conversations-Lexikon. Allgemeine deutsche Real-Encyklopädie", 12.Auflage, 15.Band, Leipzig.
Brockhaus 1887: „Brockhaus´ Conversations-Lexikon. Allgemeine deutsche Real-Encyklopädie", 13.Auflage, 16.Band, Leipzig.
Brockhaus 1895: „Brockhaus´ Konversations-Lexikon", 14.Auflage, 16.Band, Berlin, Wien.
Brockhaus 1903: „Brockhaus´ Konversations-Lexikon", 14.Auflage (revidierte Jubiläumsausgabe), 16.Band, Berlin, Wien.
Brockhaus 1924: „Handbuch des Wissens in vier Bänden", 6.Auflage von Brockhaus´ kleinem Konversations-Lexikon, 4. Band, Leipzig.
Brockhaus 1935: „Der Große Brockhaus. Handbuch des Wissens in 20 Bänden", 15.Auflage, 20.Band, Leipzig.
Brockhaus 1942: „Der Neue Brockhaus. Allbuch in vier Bänden und einem Atlas", 2.Auflage, 4.Band, Leipzig.
Brockhaus 1957: „Der Grosse Brockhaus", 16.Auflage, 12.Band, Wiesbaden.
Brockhaus 1971: „Der Neue Brockhaus. Lexikon und Wörterbuch", 4.Auflage, 5.Band, Wiesbaden.
Brockhaus 1974: „Brockhaus-Enzyclopädie", 17.Auflage, 20.Band, Wiesbaden.
Brockhaus 1981: „Der Grosse Brockhaus", 18.Auflage, 12.Band, Wiesbaden.
Brockhaus, Wahrig 1984: „Deutsches Wörterbuch", 6.Band, Wiesbaden.
Brockhaus 1993: „Brockhaus-Enzyklopädie", 19.Auflage, 20.Band, Mannheim.
Brockhaus 1994 a: „Brockhaus-Enzyklopädie", 19.Auflage, 24.Band, Mannheim.

Brockhaus 1994 b: „Der Brockhaus in einem Band", 6.Auflage, Leipzig, Mannheim.
Campe 1811: Campe, Joachim Heinrich, „Wörterbuch der Deutschen Sprache", 5.Band, Braunschweig.
Donauland 1969: „Großes Donauland Lexikon", Wien.
Duden 1962: „Duden-Lexikon in 3 Bänden", 3.Band, Mannheim.
Duden 1983: „Duden, Deutsches Universalwörterbuch", Mannheim.
Duden 1990: „Fremdwörterbuch", Mannheim, Wien, Zürich.
Duden 1995: „Das Duden-Lexikon A-Z", 4.Auflage, Mannheim, Leipzig, Wien, Zürich.
Fritschen 1732: Fritschen, Thomas, „Allgemeines historisches Lexicon", 4.Band, Leipzig.
Grimm 1956: Grimm, Jacob und Wilhelm, „Deutsches Wörterbuch" (Nachdruck der Originalfassung mit Veränderungen), Leipzig.
Heinsius 1822: Heinsius, Theodor, „Volksthümliches Wörterbuch der Deutschen Sprache", Hannover.
Herder 1857: „Herders Conversations-Lexikon", 5.Band, Freiburg im Breisgau.
Herder 1935: „Der Große Herder. Nachschlagewerk für Wissen und Leben", 4.Auflage, 12.Band, Freiburg im Breisgau.
Herder 1949: „Der Neue Herder von A-Z", 2.Band, Freiburg.
Herder 1956: „Der Grosse Herder. Nachschlagewerk für Wissen und Leben", 5.Auflage, 9.Band, Freiburg.
Herre 1923: Herre, Paul, „Politisches Handwörterbuch", 2.Band, Leipzig.
Heyse 1849: Heyse, Johann Christian August, „Handwörterbuch der deutschen Sprache", Magdeburg.
Heyse 1903: Heyse, Johann Christian August, „Allgemeines verdeutschendes und erklärendes Fremdwörterbuch", 18.Original-Ausgabe mit Nachträgen, Hannover, Leipzig.
Heyse 1919: Heyse, Johann Christian August, „Allgemeines verdeutschendes und erklärendes Fremdwörterbuch", 20.Originalausgabe mit Nachträgen, Hannover.
Jablonskie 1767: Jablonskie, Johann Theodor, „Allgemeines Lexicon der Künste und Wissenschaften ", Königsberg, Leipzig.
Keyser 1952: „Keysers Fremdwörterlexikon", Heidelberg.
Kluge 1989: Kluge, Friedrich, „Etymologisches Wörterbuch der deutschen Sprache", 22.Auflage, Berlin, New York.
Knaur 1995: „Knaurs Lexikon von A-Z; das Wissen unserer Zeit auf dem neusten Stand", München.
Mackensen 1952: Mackensen, Lutz, „Neues Deutsches Wörterbuch", Laupheim.
Mackensen 1956: Mackensen, Lutz, „Der Tägliche Wortschatz", 1.Auflage, Laupheim.
Mackensen 1966: Mackensen, Lutz, „Reclams Etymologisches Wörterbuch der deutschen Sprache", Stuttgart.
Mackensen 1977: Mackensen, Lutz, „Deutsches Wörterbuch", 9.Auflage, München.

Manz 1873: Manz, Georg, Joseph, „Allgemeine Realencyklopädie oder Conversationslexikon für alle Stände", 3.Auflage, 12.Band, Regensburg.
Meyer 1871: „Neues Konversations-Lexikon. Ein Wörterbuch des allgemeinen Wissens", (Nachdruck der 1867 abgeschlossenen 2.Auflage), 15.Band, Hildburghausen.
Meyer 1890: „Meyers Konversations-Lexikon. Eine Encyklopädie des allgemeinen Wissens", 4.Auflage, 16.Band, Leipzig, Wien.
Meyer 1909: „Meyers Großes Konversations-Lexikon. Ein Nachschlagewerk des allgemeinen Wissens", 6.Auflage, 20.Band, Leipzig, Wien.
Meyer 1930: „Meyers Lexikon", 7.Auflage, 12.Band, Leipzig.
Meyer 1977: „Meyers Neues Lexikon" 2.Auflage, 15.Band, Leipzig.
Meyer 1979: „Meyers Enzyklopädisches Lexikon", 9.Auflage, 25.Band, Mannheim.
Meyer 1994: „Meyers grosses Hand-Lexikon von A-Z", 17.Auflage, Mannheim, Leipzig, Wien, Zürich.
Meyer 1995: „Meyers Taschen-Lexikon von A-Z", 2.Auflage, Mannheim, Leipzig, Wien, Zürich.
Mohr 1989: Mohr, Ulrich (Hg.), „Neues Lexikon von A-Z", Hamburg.
Pierer 1836: Pierer, H.A., „Universal-Lexikon oder vollständiges encyclopädisches Wörterbuch", 1.Auflage, 26.Band, Altenburg.
Pierer 1846: Pierer, H.A., „Universal-Lexikon der Gegenwart und Vergangenheit oder neuestes encyclopädisches Wörterbuch der Wissenschaften, Künste und Gewerbe", 2.Auflage, 34.Band, Altenburg.
Radszuweit 1982: Radszuweit, Siegfried und Spalier, Martha, „Knaurs Lexikon der sinnverwandten Wörter", München.
Sacher 1932: Sacher, Hermann (Hg.), „Staatslexikon" (im Auftrag der Görres-Gesellschaft), 5.Auflage, 5.Band, Freiburg im Breisgau.
Sanders 1865: Sanders, Daniel, „Wörterbuch der Deutschen Sprache", 1.Auflage, 2.Band, Leipzig.
Sanders 1876: Sanders, Daniel, „Handwörterbuch der Deutschen Sprache", 1.Auflage, 2.Ausgabe, 2.Band, Leipzig.
Sanders 1912: Sanders, Daniel, „Handwörterbuch der deutschen Sprache", 8.Auflage, Leipzig, Wien.
Schiffner 1831: Schiffner, Allbert, „Allgemeines deutsches Sach-Wörterbuch aller menschlichen Kenntnisse und Fertigkeiten", 10.Band, Meissen.
Seibert 1973: Seibert, Gerd, „Lexikon 2000", 12.Band, Stuttgart.
Wagener 1867: Wagener, Herrmann, „Neues Conversations-Lexikon. Staats- und Gesellschaftslexikon", 23.Band, Berlin.
Zedler 1740: „Grosses vollständiges Universal-Lexicon aller Wissenschafften und Künste, welche bishero durch menschlichen Verstand und Witz erfunden und verbessert worden", 24.Band, Leipzig, Halle.
Zedler 1745: „Grosses vollständiges Universal-Lexicon aller Wissenschafften und Künste, welche bishero durch menschlichen Verstand und Witz erfunden und verbessert worden", 46.Band, Leipzig, Halle.

Zedler 1749: „Grosses vollständiges Universal-Lexicon aller Wissenschafften und Künste, welche bishero durch menschlichen Verstand und Witz erfunden und verbessert worden", 62.Band, Leipzig, Halle.

Zigeunerstereotype in Dialekt- und Mundartwörterbüchern des Deutschen

Jochen A. Bär

1. Vorbemerkungen
1.1. Relevanz des Gegenstandes

Die deutsche Sprache in ihrer Gesamtheit war jahrhundertelang nicht durch einen einheitlichen Standard, sondern durch eine Vielzahl von regionalen Varianten (Dialekten) geprägt. Bis in die zweite Hälfte des 20. Jahrhunderts hinein beherrscht die große Mehrheit aller Sprecherinnen und Sprecher des Deutschen die Schriftsprache allenfalls passiv. Für den weitaus größten Zeitraum der deutschen Geschichte muß man sich also, wenn man als Historiker nach den in Sprache gefaßten Meinungen und Weltansichten nicht nur einer kleinen Schicht von Gebildeten, sondern der breiten Bevölkerung fragt, an die Dialekte halten. Man kann hierbei auf eine Vielzahl von Dialekt- und Mundartwörterbüchern zurückgreifen, die meist historisch angelegt sind, d. h. nicht nur eine gegenwärtige regionale Sprachform abbilden, sondern auch Quellen heranziehen, die zum Teil bis ins späte Mittelalter zurückreichen. Zumindest bei den großen Dialekt- und Mundartwörterbüchern des 20. Jahrhunderts, z. B. dem *Rheinischen Wörterbuch*, dem *Südhessischen Wörterbuch*, dem *Pfälzischen Wörterbuch*, dem *Badischen Wörterbuch* und dem *Schwäbischen Wörterbuch*, bekommt man so einen Überblick über sechs bis sieben Jahrhunderte regionaler Sprachgeschichte. Grund genug, sich im Rahmen einer Tagung über Zigeunerstereotype in Lexika und Wörterbüchern für die Dialekt- und Mundartlexikographie zu interessieren.

1.2. Aspekte der Untersuchung

Lexikographie erfüllt, wie die Wörterbuchforschung festgestellt hat, in der Regel zwei Hauptfunktionen: Zum einen die Präsentation von gesicherten Daten und Fakten, zum anderen das Einbringen von persönlichen Überzeugungen und Ideologien – im vorerst völlig wertneutralen Sinne von *Ideologie*, so daß man dieses Einbringen ebenso wertneutral als das individuelle Sinnstiftungsangebot des jeweiligen Lexikographen bzw. der jeweiligen Lexikographin fassen könnte. Daß beide Funktionen lediglich theoretisch voneinander zu trennen sind und in der lexikographischen Realität stets gekoppelt auftreten, zeigt sich schon daran, daß auch eine scheinbar «objektive» oder «wertfreie» Darstellung von Fakten stets auf subjektiver Auswahl und Anordnung beruht. Die Frage ist darum nicht, *ob* ein Lexikograph seine persönlichen Überzeugungen und Ideologien einbringt, sondern lediglich, wie bewußt sie ihm als *persönliche* und als *Überzeugungen und Ideologien* sind, ferner, welches Gewicht er auf sie legt, und schließlich, wie explizit er sie als persönliche Überzeugungen und Ideologien zu erkennen gibt und prinzipiell zu geben bereit ist. Anders gesagt: Ein guter Wörterbuchartikel beruht nicht auf einer Unterdrückung individueller Meinungen, sondern auf deren deutlichem Bekenntnis. Erst wenn dieses Bekenntnis unterbleibt, wenn gar die persönlichen Überzeugungen und Ideologien absichtlich als allgemein gültige, gesicherte Daten und Fakten ausgegeben werden, wird die lexikographische *Information* zur *Indoktrination*.

Die Produkte lexikographischer Arbeit kann man konzeptionshistorisch-kritisch mithin unter zwei Aspekten betrachten: Man kann zum einen fragen, welche Ideologeme der Lexikograph direkt oder indirekt *zur Darstellung bringt*, zum anderen, welche Ideologeme er direkt oder indirekt *selbst vertritt*. Konkret für die hier zu behandelnde Frage nach Zigeunerstereotypen in Dialekt- und Mundartwörterbüchern heißt dies: Man kann in ihnen einerseits Informationen über Zigeunerstereotype bei Dialekt- und Mundart*sprechern* finden, andererseits Informationen über Zigeunerstereotype bei Dialekt- und Mundart*lexikographen*.

Nun sind freilich Mundartwörterbücher nicht Werke der Sach-, sondern der Sprachlexikographie. Sie sagen also nichts über die Welt, sondern über Sprache, und wenn man sie zu lesen versteht, sagen sie etwas über die sprachlich gefaßte Weltsicht der Sprecherinnen und Sprecher. In bezug auf das hier in Rede stehende Thema heißt dies: Autoren von Dialekt- und Mundartwörterbüchern versuchen nicht – wie etwa die Verfasser von Enzyklopädien – gleichsam «phänomenologisch» anzugeben, was Zigeuner *sind* bzw. *sein sollen*, sondern sie dokumentieren, wie das <u>Wort</u> *Zigeuner* von den Sprechern und Schreibern der jeweiligen Dialekte verwendet wurde und zum Teil noch wird. Es ist daher klar, daß in diesen Wörterbüchern die erste der beiden genannten Funktionen der Lexikographie, die Präsentation von (sprachlichen) Daten und Fakten, in aller Regel die zweite, das Einbringen persönlicher Überzeugungen und Ideologien, deutlich überwiegt. Anders gesagt: Man muß in aller Regel sehr genau hinsehen, um etwas über Zigeunerstereotype bei Dialekt- und Mundartlexikographen herauszufinden, und in den wenigsten Fällen werden es direkte Hinweise sein, auf die man stößt. Aussagen des Typs «das und das Wort (*Zigeuner* oder irgendeine mundartliche Entsprechung) meint diejenigen herumziehenden, arbeitsscheuen, vom Betteln, vom Diebstahl oder von unehrenhaftem Gewerbe lebenden Menschen von gelblichbrauner oder überhaupt dunkler Hautfarbe, die neuhochdeutsch allgemein als *Zigeuner* bezeichnet werden» – Aussagen dieses Typs also, in denen man tatsächlich gängige Klischees und Vorurteile auf seiten des Wörterbuchautors antrifft, sind selten, wenngleich auch sie vorkommen. Häufiger sind indirekte Indizien, z. B. die Art und Weise, das bisweilen bemerkenswert reiche Material kommentierend (oder auch vielsagend kommentarlos) zu präsentieren.

Was zum Ausdruck gebracht werden soll, ist dies: Man *findet* in deutschen Dialekt- und Mundartwörterbüchern Hinweise auf Zigeunerstereotype bei deren Verfassern, und einige dieser Hinweise werden zu betrachten sein. Interessanter und reichhaltiger ist jedoch das objektsprachliche Material, das sie präsentieren, anders gesagt: die Auskunft, die sie über stereotype Zigeunerbilder bei den Sprecherinnen und Sprechern deutscher Dialekte geben. Man gewinnt hier, wie gesagt, einen direkten Zugriff auf Meinungen und Vorurteile, die zum mentalen Alltag nicht nur eines kleinen, sondern des weitaus größten Teils der Sprachgemeinschaft gehören.

1.3. Mundartliche Varianz der Ausdrücke

Allerdings hat man in Mundartwörterbüchern nicht wie in standardsprachlichen Wörterbüchern lediglich unter dem Stichwort *Zigeuner* nachzuschlagen, um zu Hinweisen auf die interessierenden Fragen zu gelangen. Nicht in allen Dialekten heißt das gesuchte Wort tatsächlich *Zigeuner*. Die Bezeichnung ist regional unterschiedlich. Grob vereinfachend kann man sagen, daß im westlichen Hochdeutschen, vom Rheinischen bis ins Alemannische, neben und sehr oft auch anstelle von *Zigeuner* das Wort *Heide* verbreitet ist. Im Niederdeutschen und im östlichen Hochdeutschen heißen die Zigeuner *Tatern* (also ›Tataren‹), bisweilen auch *Ungarn*; im Schlesischen finden sich die Bezeichnungen *Kroat* und *Zigan*, im Vorarlbergischen die Bezeichnung *Karrenzieher*. In groben Zügen veranschaulichen lassen sich die Verhältnisse folgendermaßen:

Zu dieser Wortkarte ist allerdings zu sagen, daß sie lediglich auf den nicht sehr detaillierten und darüber hinaus nicht immer kompatiblen Angaben der hier untersuchten Wörterbücher basiert. In vielen Fällen, genauer gesagt in Wörterbüchern, die sich vorrangig als Idiotika verstehen und daher nur denjenigen dialektalen Wortschatz verzeichnen, der von der Standardsprache abweicht, wird beispielsweise das als schriftdeutsch interpretierte *Zigeuner*-Lexem gar nicht erst gebucht, so daß die Notation einer einzigen Form für ein Dialektgebiet durchaus nicht der Realität entsprechen muß. Diese kann weitaus komplexer sein, wie sich an der einzigen mir bekannten wort- bzw. wortformengeographischen Detailuntersuchung zeigt: einer im Pfälz. Wb (3, 763 f.) zu findenden Wortkarte zur Zigeunerfrau.

PFWB.

Ins Auge fallen die teilweise sehr kleinräumigen Verbreitungsgebiete bestimmter Wortformen und ebenso die Tatsache, daß keineswegs allein die Wörter *Heidesin* bzw. *Heidin* belegt sind, sondern eben auch das Wort *Zigeunerin*. Beide werden teilweise nebeneinander verwendet. Ähnlich wird man sich die Verhältnisse wohl auch in allen anderen Dialektgebieten vorzustellen haben. Zum Teil finden sich verschiedene Varianten gleichberechtigt oder auch in situativer Distribution nebeneinander, zum Teil ist eine Variante typisch für ein bestimmtes Dorf, während schon im Nachbardorf die konkurrierende Variante verwendet wird, usw.

Die Onomasiologie, d. h. hier die Frage nach den verschiedenen Wörtern, die in deutschen Dialekten für das neuhochdeutsche *Zigeuner* zur Verfügung stehen, hat im gegenwärtigen Zusammenhang allerdings keinen Selbstzweck. Im Vordergrund steht die Frage nach der Semantik, und der onomasiologische Exkurs soll lediglich darauf hinweisen, daß es hier um die Semantik *verschiedener* Wörter gehen muß.

1.4. Zugrundeliegende Stereotypenauffassung

Unter *Stereotyp* verstehe ich im folgenden eine komplexe semantische Einheit, die nicht nur das Denotat, sondern auch und vor allem das Konnotat eines Wortes oder verschiedener Einheiten eines Wortfeldes umfaßt. Da die Semantik, die Bedeutung eines Wortes entscheidend vom Kontext bestimmt wird[1], muß man, wenn es darum geht, stereotype Einheiten zu erfassen, regelhafte (immer wiederkehrende) Kontextzusammenhänge ausfindig machen, in denen das Wort auftaucht und in denen es gemeinsam mit bestimmten anderen Wörtern steht. Beispiele für solche Kontextzusammenhänge sind typische Prädikationen (Aussagen der Art «x ist...», «x soll...», «x tut gewöhnlich...») und Kollokationen (Substantiv-Adjektiv-Gefüge, Paarformeln u. ä.), darüber hinaus jedoch betreffen sie die paradigmatische oder assoziative Wortrelation im weitesten Sinne.[2] Gemeint sind nicht nur Wortfelder im herkömmlichen Verständnis (Mengen bedeutungsverwandter Wörter), sondern gewissermaßen Kontextfelder.

Hinweise auf solche Kontextfelder können sich in Wörterbüchern an verschiedenen Stellen finden. Drei Arten von Informationspositionen innerhalb eines Wörterbuchartikels, die hierfür besonders aufschlußreich zu sein scheinen, sollen im folgenden herausgegriffen werden: Angaben bedeutungsverwandter Wörter (2.1), Angaben typischer Wortbildungen (2.2) und Belegzitate (2.3).[3]

2. Zigeunerstereotype bei Dialekt- und Mundartsprechern

2.1. Angaben bedeutungsverwandter Wörter

Daß man, um etwas über die Semantik des Wortes *Zigeuner* oder seiner mundartlichen Entsprechungen herauszufinden, überprüfen kann, welche Wörter als bedeutungsverwandt mit ihnen gebraucht werden, bedarf keiner Erläuterung. Eingegangen sei hier lediglich auf eine kleine Auswahl: *Bettelkores*[4] (‹ frz. *corps*) ›bettelndes Gesindel‹, *Bettelleute*[5], *Bettelpack*[6], *Bettelvolk*[7], *Gauner*[8], *Gesindel*[9], *Karrenzieher*[10], *Karrner*[11], *Lumpenzeug*[12], *Pack*[13], *Prachervolk*[14], *Pottenlappers*[15], *Tagdieb*[16]; *Drecksack*[17], *Dreckschlampe*[18], *Rampaß*[19], *Schlumpe*[20], *Schluri*[21], *Strenz*[22], *Unflat*[23], *Vettel*[24], *Wuschkopf*[25]; *Hexe*[26], *Popanz*[27].

Festzustellen ist: Die weitaus meisten der hier zitierten Einheiten sind abwertend. Die Semantik des hier entworfenen Wortfeldes läßt sich aber noch näher bestimmen. Drei unterschiedliche Aspekte werden greifbar. Die Reihe *Bettelkores, Bettelleute, Bettelpack, Bettelvolk, Gauner, Gesindel, Karrenzieher, Karrner, Lumpenzeug, Pack, Prachervolk, Pottenlappers, Tagdieb* zeigt, daß unter *Zigeunern, Heiden* oder *Tatern* sozial niederstehende Menschen (meist eine mehr oder weniger bestimmte Gruppe, bisweilen auch einzelne Individuen) verstanden werden, die herumziehen, nicht durch Arbeit, sondern durch Betteln oder Gaunereien ihren Lebensunterhalt verdienen, und die man verachtet und als minderwertig ansieht. Die Reihe *Drecksack, Dreckschlampe, Rampaß, Schlumpe, Schluri, Strenz, Unflat, Vettel, Wuschkopf* zeigt, daß unter *Zigeunern, Heiden* oder *Tatern* liederliche, unordentliche, verwahrloste und/oder unsaubere Menschen verstanden werden. Die Synonyme *Hexe* und *Popanz* zeigen, daß die Wörter *Zigeuner, Heide* und *Tater* in übertragener Bedeutung soviel heißen können wie ›Schreckgespenst, imaginäre Figur, durch deren Nennung man Kindern Angst einjagen will‹.

2.2. Syntagmen

Ein zweiter aussagekräftiger Informationstyp sind typische Syntagmen, Wendungen, in denen die Wörter *Zigeuner, Heide, Tater* usw. vorkommen. Keines der hier untersuchten Wörterbücher hat indes eine eigene Informationsposition «Syntagmen»[28], so daß die gesuchten Informationen aus den Belegen selbst herausgezogen werden müssen. Die Rede ist daher zugleich auch schon über die Belegposition.

Wiederum nur einige signifikante Beispiele: *Aussehen wie ein Tater*[29], *geel / swart / brun (sin) as'n Tater*[30], *schwarz / braun (sein) wie ein Heide*[31], *schwarz / gelb (aussehen) wie ein Zigeuner*[32] wird von Menschen gesagt, die eine dunkle Haut- und/oder Haarfarbe haben. Aber nicht nur Haut- und Haarfarbe, sondern auch die Art, wie man sich trägt, bestimmt das äußere Erscheinungsbild. *Die laaft erum wie e Hääre*, heißt es in der Pfalz von einer unordentlich gekleideten Frau.[33] Im Thüringischen findet sich die Redensart *Der Himmel sieht aus wie e Zicheinerhemd* (›kohlschwarz‹).[34] Weitere typische Wendungen sind beispielsweise *dreckiger*[35] / *lumpiger*[36] *Zigeuner* und *schlunzig* ›schmutzig‹ *wie en Tater*[37]. – *Ba denne sichds aus wie ba de Häre*, heißt es im Südhessischen, wenn bei jemandem Unordnung herrscht.[38] – *Hie hebbt sik wol de Taters garrt*, sagt man auch im Niederdeutschen, wenn es im Zimmer unordentlich aussieht.[39] – Von wenig betreuten Kindern heißt es im Mecklenburgischen: Sie *wassen up as de Zigeuner*.[40]

Auch ansonsten ist über angeblich typisches Verhalten manches zu erfahren: Wendungen wie *sonn' driesten Tater* ›frecher Lümmel‹[41], *frech wie ein Zigeuner*[42], *lügen und stehlen wie die Zigeuner*[43] sagen schon einiges. *Dä kä á hál*ᵉ ›betteln‹ *wi*ᵉ *Hái*, heißt es im Siegerland[44]; *Die Häre kumme, machens Dör zu* im Südhessischen[45]; ähnlich im Thüringischen (*mach's Tur zu, de Zicheiner kumme!*[46]) und im Kölner Raum (*Mach Dür on Porz on Fenster zo, hol die Wäsch van de Blech, loss de Hohnder ren, de Zejöyner komme*[47]). Und auch: *Wie komme de Häire an de Hemder? Antwort: Dörch Zopacke.*[48] – *I*ᶜʰ *trau*ᵉ *dir wie'm beschte*ⁿ *Zigeuner*[49], sagt man in Schwäbischen – also überhaupt nicht. – *He leevt asn Tater* heißt es im Ostfriesischen von einem, der einen unmoralischen Lebenswandel führt.[50]

So jemandem traut man natürlich alles Mögliche zu. Kinder werden erschreckt mit Sätzen wie *Die Hääre hole dich*[51], *De Tater nimmt di mit*[52], *De Zechiener nammn dich mit*[53], *Wart nor, der Zigeuner holt dich*[54], *Paß auf, wenn der Zejiener kommt*[55], *Kiek ni in ,n Sood, dor sitt de Tater*[56], *Der Zicheuner is in Korn*[57] oder *Ich verkauf dich an die Zicheiner*[58]. Kindern, die nicht essen wollen, droht man im Thüringischen: *De Tatern kommen un assen dichs wag!*[59] Spätestens hier werden die Synonyme *Hexe* und *Popanz* verständlich.

Erneut wird deutlich: Die Wörter *Zigeuner*, *Heide*, *Tater* usw. werden auf Menschen angewendet, denen man 1) ein bestimmtes Erscheinungsbild, nämlich zum einen eine dunkle Haut- und Haarfarbe, zum anderen ein verwahrlostes Äußeres, 2) aufdringliches Betteln, 3) kleinkriminelle Handlungsweisen wie Betrug und Diebstahl, 4) überhaupt einen unmoralischen Lebenswandel, 5) potentielle Gefährlichkeit und damit 6) insgesamt ein extrem niedriges soziales Prestige zuschreibt.

2.3. Angaben typischer Wortbildungen

Auch die Untersuchung der dritten hier relevanten Informationsposition, der Angaben von Wortbildungen, ergibt kein anderes Bild. Die Menge der in den Wörterbüchern aufgeführten Einheiten ist zu groß, als daß sie hier vollständig präsentiert werden könnten. Wiederum sollen nur einige aussagekräftige Reihen aufgeführt werden. Der Einfachheit halber erscheinen Wortbildungen auf die synonymen Lexeme *Zigeuner*, *Heide* und *Tater* jeweils zusammen.

1) Zusammengesetzte Ausdrücke für die Gesamtheit der als *Zigeuner* etc. bezeichneten Personen: *Zigeunerbande*[60], *Zigeunerkor* (‹ frz. *corps*)[61], *Zigeunerpack*[62], *Zigeunerrochel*[63], *Zigeunerware*[64], *Bettelheiden*[65], *Heidenbagage*[66], *Heidenkor(es)*[67], *Heidenleute*[68], *Heidenmackes*[69], *Heidenpack*[70], *Heidenzores*[71], *Heidenzottel*[72], *Heidesen*[73], *Tater(n)bande*[74], *Tatergeschlecht*[75], *Tater(n)pack*[76], *Taterstamm*[77], *Tater(n)zeug*[78].

2) Zusammengesetzte Bezeichnungen für eine einzelne zu dieser Gruppe gehörende männliche Person: *Zigeunerbengel*[79], *Zigeunerbube*[80], *Zigeunerich*[81], *Zigeunervater*[82], *Heidenbock*[83], *Heidenbube*[84],

Heidenhannes[85], *Heidenkerl*[86], *Heidenmatz*[87]/*-mätz*[88], *Heidennickel*[89], *Heidensack*[90], *Heidenstoffel*[91], *Heidentarter*[92], *Heidenvater*[93], *Heider(t)*[94], *Heiderzigeuner*[95].

3) Zusammengesetzte Bezeichnungen für eine einzelne zu dieser Gruppe gehörende weibliche Person: *Zigeunerdirne*[96], *Zigeunerfotze*[97], *Zigeunergesicht*[98], *Zigeunerhexe*[99], *Zigeunerhure*[100], *Zigeunerluder*[101], *Zigeunermensch (das)*[102], *Zigeunersche*[103], *Zigeunerschlomper*[104], *Zigeunersin*[105], *Zigeunerweib(sen)*[106], *Heidenbärbel*[107], *Heidengretchen*[108], *Heidenlottchen*[109], *Heidenmarie*[110], *Heidenmensch (das)*[111], *Heidenmoppel*[112], *Heidenmuschel*[113], *Heidenmutter*[114], *Heidenstoffelsin*[115], *Heidenweib*[116], *Heidesin*[117], *Heidin*[118], *Taterdirne*[119], *Taterhure*[120], *Taterkron/-kraun*[121], *Taterlieschen*[122], *Taterlottchen*[123], *Tatermariechen*[124], *Tatermensch (das)*[125], *Tatter(i)n*[126], *Tat(t)ersche*[127], *Tater(n)weib*[128].

4) Zusammengesetzte Bezeichnungen, die zeigen, daß man die Wörter *Zigeuner*, *Heide* und *Tater* auch als abwertende oder negativierende Wortbildungseinheiten schlechthin verwenden kann[129], ohne daß noch irgendein Bezug zu den Menschen bestehen muß, die man *Zigeuner* usw. nennt: *Taterglaube* ›Aberglaube‹[130], *Taterkram* ›schlechte Sache‹[131], *Tater(n)schinken*[132] ›minderwertiger Schinken‹[133], *Tatersprache* ›unverständliche Sprache‹[134], *Zigeunerplunder* ›Kram‹[135], *Zigeuner-*[136]/*Heidenwirtschaft*[137] ›unordentliches Hauswesen, Luderwirtschaft‹, *Zigeunerkälte* ›unfreundliches Wetter am 20. Januar‹[138], *Zigeunerschweiß* ›dünner Kaffee‹[139], *Zigeunertreue* ›falsche Treue, Unzuverlässigkeit‹[140], *Zigeunerkraut* ›schwarzes Bilsenkraut (*Hyosciamus niger L.*)‹[141] bzw. ›Stechapfel (*Datura*)‹[142], also im einen wie im anderen Fall giftige Pflanzen, *Taterveil* ›nichtduftendes Veilchen‹[143], *Heidenloch* ›Schuttabladeplatz‹[144], *Heidenmusik*[145]/*-stall*[146] ›Durcheinander‹.

2.4. Gesamtbefund

Führt man sich diesen Gesamtbefund vor Augen, so stellt man bezüglich der Semantik von Wörtern wie *Zigeuner, Heide, Tater* usw. zweierlei fest: Erstens weisen sie tatsächlich stereotype, festgefügte Kontextfelder auf, die sich inhaltlich nach verschiedenen Aspekten gliedern lassen. Mindestens die folgenden wurden gefunden: dunkle Haut- und Haarfarbe, verwahrlostes Äußeres, unordentlicher, nicht seßhafter, unmoralischer Lebenswandel, Neigung zu kleinkriminellen Handlungen, allgemein niedriges Sozialprestige, Verächtlichkeit.

Zweitens wird deutlich, daß die Wörter *Zigeuner*, *Heide*, *Tater* usw. sich von ihrer ursprünglichen Bedeutung in bemerkenswerter Weise gelöst haben. Sofern der eine oder andere der soeben genannten semantischen Aspekte zutrifft, kann jeder Mensch, unabhängig davon, ob er zu den Sinti und Roma gehört, *Zigeuner*, *Heide* oder *Tater* heißen. Übrigens nicht nur jeder Mensch: Die Metaphorik kennt kaum Grenzen. Als *Zigeuner* können auch bedrohlich-dunkle Gewitterwolken[147], ein schlechtes Blatt beim Kartenspiel[148], der Getreidebrand (ein Schadpilz)[149] oder ein altes, abgetriebenes Pferd[150] bezeichnet werden. Betrachten wir die in Rede stehenden Wörter vollends in ihrer Eigenschaft als Wortbildungsmorpheme, so zeigt sich, daß alles, was nicht der Norm entsprechend, unordentlich, negativ, schlecht, verächtlich ist, ausdrucksseitig mit ihnen in Zusammenhang gebracht werden kann: *zigeunern* heißt ›herumstreunen, sich herumtreiben‹[151] oder auch (in reflexiver Verwendung) ›sich zanken, kabbeln‹[152], *tat(t)ern* heißt ›undeutlich, unverständlich sprechen‹[153], *tatergar* heißt ›halbgar‹[154], *heidisch* heißt ›frech‹[155].

3. Zigeunerstereotype bei Dialekt- und Mundartlexikographen

Den Zigeunerstereotypen bei Dialekt- und Mundartsprechern stehen Zigeunerstereotype bei Dialekt- und Mundart*lexikographen* gegenüber. Sie sind, wie unter 1.2 erwähnt, weit weniger greifbar, können jedoch anhand bestimmter Indizien ebenfalls erschlossen werden. Unter diesem Aspekt am interessantesten sind zweifellos lexikographische Kommentare jeder Art – vor allem dann, wenn sie nicht metasprachlicher, sondern objektsprachlicher Natur, d. h. wenn ihr Gegenstand nicht die im Wörterbuchartikel zu beschreibenden sprachlichen Einheiten, sondern Gegebenheiten einer außerhalb der zu beschreibenden Sprache liegenden Realität sind.[156] Sie werden hier exemplarisch anhand ihrer üblichsten Form behandelt: der Bedeutungsangaben bzw. -erläuterungen.

Ein Beispiel: Als Bedeutung des Wortes *Karrenzieher* gibt das *Vorarlbergische Wörterbuch* »mit einem Wohnwagen zigeunerhaft herumziehendes Volk« an; als zusätzliche Erläuterung: »auch sonst abträglich für wenig seßhafte, minderwertige Menschen«.[157] Wohlgemerkt: Dies alles sind Ausdrücke des Bearbeiters, nicht Worteinheiten mit Belegcharakter. Fragt man sich schon, was hier «zigeunerhaft herumziehend» heißt – offenbar ist der Verfasser der Meinung, daß Zigeuner prototypisch für fahrendes Volk stehen –, so stört man sich noch weit mehr an der Formulierung »minderwertige Menschen«. Hier wohlwollend zu unterstellen, es liege perspektivisches Sprechen vor, der Bearbeiter meine also nicht selbst, es gebe so etwas wie minderwertige Menschen, sondern wolle nur andeuten, die Sprecher des von ihm dokumentierten Dialekts seien dieser Auffassung – eine solche wohlwollende Auslegung entbehrt jeder Grundlage. Grammatisch ist die Formulierung vielmehr eindeutig: Das Wort *Karrenzieher* wird »abträglich«, also negativ wertend für »wenig seßhafte, minderwertige Menschen« verwendet. Von minderwertigen Menschen reden an dieser Stelle nicht die Dialektsprecher, sondern der Wörterbuchautor, und so wie Aussage konstruiert ist, bleiben die Menschen auch dann minderwertig wenn nicht »abträglich« über sie gesprochen wird. Die Erklärung, weshalb sie minderwertig sein sollen, wird sogar gleich mitgeliefert. Die Attributreihung »wenig seßhafte, minderwertige Menschen« suggeriert zumindest eine Gleichsetzung beider Attribute: Menschen, die wenig seßhaft sind, sind *als solche* minderwertig.

Ähnliche Fälle finden sich häufiger. So gibt das *Wörterbuch der Elsässischen Mundarten* als Bedeutung des Wortes *Heid* »Zigeuner, herumziehende[r] Bettler«[158], das *Schlesische Wörterbuch* als Bedeutung des Wortes *Ziganke* »Zigeunerin, liederliches Frauenzimmer«[159] an. In beiden Fällen nehmen die Lexikographen grammatisch eine Gleichsetzung vor: Im ersten Beispiel sind Zigeuner mit herumziehenden Bettlern identisch, im zweiten sind es eine Zigeunerin und ein liederliches Frauenzimmer.

Derartiger Gleichsetzungen enthält sich, wer als Bedeutung nur einfach kommentarlos ein Synonym – bzw. (wenn man die Unterscheidung zwischen beschriebener Sprache und Beschreibungssprache wirklich ernstnimmt und daher beide als zwei unterschiedliche sprachliche Systeme ansieht) ein beschreibungssprachliches Heteronym – angibt. Daß auch dieser lexikographische «Minimalaufwand» seine Tücken haben kann, zeigt ein anderes Beispiel. Zum Wort *Taternwif* macht das *Plattdeutsche Wörterbuch des Kirchspiels Sievershausen*, ein kleinregionales Wörterbuch also, folgende Bedeutungsangabe: »das Zigeunerweib«.[160] Das mag als Hinweis auf stereotype Vorstellungen des Bearbeiters noch nicht weiter auffallen; immerhin könnte man sagen, er habe sich mit seiner Beschreibungssprache der zu beschreibenden Sprache anpassen wollen, um die wertende Dimension mitanklingen zu lassen (das Wort *Weib* in dieser Verwendung ist im Neuhochdeutschen eindeutig abwertend[161]). Allerdings hätte er dazu nicht seinerseits ein abwertendes Wort gebrauchen müssen, sondern hätte ebensogut auch folgende Bedeutungsangabe machen können: «›Zigeunerin‹ (abwertend)». Zudem signalisiert, wenn man genau hinsieht, die Verwendung des direkten Artikels in der Bedeutungsangabe »das Zigeunerweib«, daß der Verfasser zu glauben scheint, es gebe tatsächlich so etwas wie «das» Zigeunerweib.

Daß es sehr wohl möglich ist, sich von Wertungen, die der zu beschreibenden Sprache inhärent sind, beschreibungssprachlich zu distanzieren, zeigt ein Beispiel aus der neueren Dialektlexikographie. Im 1992 erschienenen 7. Band des *Mecklenburgischen Wörterbuches* liest man s. v. *Tater* unter anderem folgendes: »Die Haltung der Einheimischen war den Zigeunern gegenüber wegen deren fremdartigen Lebensweise und Erscheinung von Mißtrauen und Feindseligkeit bestimmt; sie schrieben ihnen Diebstähle, Kindesraub und Schadenzauber zu [...]; doch glaubte man fest, sie könnten wahrsagen«.[162] Hier wird an der Perspektivität der Aussage kein Zweifel gelassen: Diebstähle, Kindesraub und Schadenzauber werden den Zigeunern von den ihnen feindselig gegenübertretenden Einheimischen *zugeschrieben*; daß sie wahrsagen können, wird von den Dialektsprechern *geglaubt*.

Unter diesem Aspekt vergleichsweise ungeschickt (ob mit Absicht oder nicht, kann hier nicht geklärt werden) mutet folgende Passage aus dem 1935 erschienenen 5. Band des *Schleswig-holsteinischen Wörterbuches* von Otto Mensing an (s. v. *Tater*): »Den Tatern traute man alles Schlechte zu [...]. Es hieß, daß sie ihre altersschwachen Leute in Wassertümpeln ertränkten [...]. Sie nährten sich besonders von Katzenfleisch; beim Betteln von Speck sagten sie: *in Gottsnamen, Vad-*

der, snie dick [...]. Über die wunderliche Sprache der Zigeuner s. Mhff.², S. 532.«[163] Während die ersten beiden Sätze die Perspektivität noch hinreichend zum Ausdruck bringen (den *Tatern* wird Schlechtes *zugetraut*; es *heißt*, daß sie ihre altersschwachen Leute ertränkten), gerät sie in den folgenden Sätzen zunehmend aus dem Blick: Zwar könnte man unter Aufwendung einiger hermeneutischer Phantasie die im einfachen Indikativ stehende Aussage »Sie nährten sich besonders von Katzenfleisch« im Kontext des vorher Gesagten noch als verkürzte (freilich um den Urheber der objektsprachlichen Äußerung und damit um ihre eigentliche Spezifik verkürzte) metasprachliche Äußerung deuten; ebenso könnte man die Aussage »beim Betteln von Speck sagten sie: *in Gottsnamen, Vadder, snie dick*« noch als verkürzte (hier um den Urheber der metasprachlichen Äußerung und damit wiederum um ihre eigentliche Spezifik verkürzte) meta-metasprachliche Äußerung deuten.[164] Spätestens die Aussage »Über die wunderliche Sprache der Zigeuner s. Mhff.², S. 532« läßt keine derartige Auslegung mehr zu. Um einen indirekten Beleg im Sinne von Anm. 164 kann es sich hier deshalb nicht handeln, weil anstatt des zu belegenden Wortes *Tater* das Wort *Zigeuner* verwendet wird: Eine derart freie Belegparaphrase würde sich kein seriöser, an seinem sprachlichen Material interessierter und diesem verpflichteter Lexikograph erlauben. Vielmehr muß man auch (und gerade) als unvoreingenommener Leser/Wörterbuchbenutzer davon ausgehen, daß hier ein um einen lexikographischen Kommentar erweiterter externer Literaturverweis vorliegt, und daraus folgt nichts anderes, als daß das Adjektiv *wunderlich* in der Formulierung »die wunderliche Sprache der Zigeuner« eine persönliche Wertung des Lexikographen (nicht eine vom Lexikographen nur berichtete Wertung seitens eines Dialektsprechers) ist.

4. Ergebnisse

Das Thema des Aufsatzes – *Zigeunerstereotype in Dialekt- und Mundartwörterbüchern des Deutschen* – war in doppelter Hinsicht gefaßt worden. 1) wurden die in diesen Wörterbüchern dokumentierten stereotypen Vorstellungen der Dialektsprecher und -schreiber behandelt, 2) die Haltung der Lexikographen gegenüber diesen Stereotypen.

Zu 1): Das aus den Dialekten des Deutschen herauskonstruierbare semantische Konzept ›Zigeuner‹ gestaltet sich wie folgt: Die als *Zigeuner*, *Heiden* oder *Tataren* bezeichneten Menschen werden in aller Regel als nicht-seßhafte, keinem geregelten Beruf nachgehende, gesellschaftlich anerkannten Verhaltensweisen sich verweigernde Personen angesehen, von denen eine potentielle Gefahr für Eigentum, Moral und Sitten braver Bürger ausgeht. Als auffällig gilt ihre Hautfarbe, die als gelb, gelbbraun oder dunkel bezeichnet wird. Ihr Äußeres, Kleidung und Haartracht, gilt allgemein als ungepflegt, ihr Verhalten als – zumindest potentiell – gefährlich und kriminell. Besondere Beachtung findet – nach Ausweis der lexikalischen Bezugnahme darauf – die Abweichung von anerkannten sozialen Normen im Verhältnis der Geschlechter.[165] Der Zigeunerfrau wird, offensichtlich in Kompensation eigener Verklemmtheiten, eine besondere sexuelle Freizügigkeit nachgesagt und, natürlich nicht ohne doppelte Moral, zur Last gelegt.[166]

Man findet hier wieder einmal nichts anderes als die aus vielen anderen Zusammenhängen längst bekannten Klischees. Wie sich zeigt – und das Belegmaterial präsentieren die Dialekt- und Mundartwörterbücher in geradezu idealer Weise –, sind diese Klischees in allen regionalen Varietäten des Deutschen vertreten und gehören sozusagen zum Alltags«wissen» der gesamten Sprachgemeinschaft.

In den Wörterbüchern nicht zu erkennen ist a) eine durchgängige Ethnisierung des Zigeunerstereotyps (das vielmehr in erster Linie sozial geprägt ist), und b) ein wirklich *aggressiver* Antiziganismus. Negative Wertungen, kakophemistische Wortbildungen finden sich, wie gezeigt, in großer Zahl – nicht hingegen Ansätze zu einem annihilationsfördernden oder -fordernden semantischen Konzept. Die bekannte Ungeziefer- oder Unkrautmetapher beispielsweise habe ich in keinem einzigen Wörterbuch dokumentiert gefunden. Aufgerufen wird im «Volksmund» klischeehaft dazu, sich vor den *Heiden* oder *Tataren* in Acht zu nehmen, nicht dazu, aktiv gegen sie vorzugehen.

Man findet also in den Dialekt- und Mundartwörterbüchern nicht die Dokumentation einer geistigen (oder besser: ideologischen) Vorwegnahme des Genozids und kann daher das in ihnen gesammelte und präsentierte Sprach- und Textmaterial auch nicht als Beleg im Rahmen Goldhagen'scher Argumentationsmuster heranziehen (als

Beleg für eine gleichsam über Jahrhunderte hinweg in der deutschen Mentalität, der Kollektivpsyche, dem «Volksgeist» – oder wie immer man das nennen will – verwurzelte Bereitschaft zur tatsächlichen Vernichtung einer bestimmten Minderheit).

Zu 2): Zumindest einige Lexikographen scheinen den negativen Werturteilen der von ihnen untersuchten Dialektsprecher und -schreiber nicht allzu reserviert gegenüberzustehen. Es waren Beispiele angeführt worden, anhand deren deutlich werden konnte, wo das Problem liegt: In keinem Fall war nachweisbar, daß ein Lexikograph die genannten negativen Werturteile tatsächlich selbst vertritt. In allen Fällen aber wurde der Verdacht, er tue es doch, dadurch geweckt, daß er sich bestimmter Wörter oder Formulierungen aus seinem Belegmaterial in Kommentarpassagen bediente. Selbst wenn dies tatsächlich ohne Absicht erfolgt sein sollte: Gemessen wird der Lexikograph nicht an dem, was er gemeint haben *könnte*, sondern an dem, was er gesagt *hat*.

Für die praktische Wörterbucharbeit ließe sich daraus folgendes ableiten: Sofern dem Lexikographen daran liegt, berechtigte Vorwürfe seitens der Ideologiekritik nicht zu verdienen, sollte er darauf achten, perspektivisches Sprechen als solches deutlich zu machen oder – besser – es ganz zu vermeiden und gezielt auf Distanz zur beschriebenen Sprache und den in ihr manifestierten Stereotypen zu gehen. Dabei muß man nicht unbedingt so zurückhaltend sein wie beispielsweise Johann Andreas Schmeller in seinem *Bayerischen Wörterbuch*[167], sondern kann positive Aussagen machen: Bessere Bedeutungserläuterungen als «das Zigeunerweib» oder «minderwertige Menschen» wären, wie gesagt, «Zigeunerin (abwertend)» oder «für minderwertig gehaltene Menschen», wobei man unter Umständen sogar noch genauer angeben könnte, wer diese Menschen für minderwertig hält.

Die Frage ist allerdings, wo hier die Grenze zwischen politischer Korrektheit und lexikographischer Seriosität verläuft. Nimmt man nämlich die Forderung, zur beschriebenen Sprache auf Distanz zu gehen, tatsächlich ernst, so darf man ein Wort wie *Zigeuner* selbst nicht mehr als Einheit der Beschreibungssprache verwenden, denn es transportiert natürlich genau die Klischees, die man eben vermeiden will. Konsequenterweise müßte man statt dessen die Selbstbezeichnung der in Rede stehenden Gruppe verwenden. Hier aber bekommt man ein prinzipielles Darstellungsproblem, denn die Bezeichnung *Sinti und Roma* sagt im Vergleich zu *Zigeuner* einerseits zuviel andererseits auch wieder zuwenig. Zuviel insofern, als es für die Dialektsprecher eben nur «Zigeuner» überhaupt gibt, jede gruppeninterne Differenzierung also völlig außerhalb des Bewußtseins bleibt und daher beschreibungssprachlich auch nicht suggeriert werden darf. Zuwenig insofern, als mit Dialektwörtern wie *Heide* oder *Tatter* erstens nicht nur Sinti und Roma gemeint sind, sondern auch noch andere Minderheiten, von denen im Einzelfall noch nicht einmal klar ist, ob sie nach ethnischen, sozialen oder sonstigen Kriterien zu bestimmen wären, und zweitens die Semantik dieser Wörter sich nicht darin erschöpft, daß sie einfach nur als Bezeichnungen für eine bestimmte Minderheit dienen. Damit würde man nur das Denotat fassen. Die Semantik der in Rede stehenden Dialektwörter besteht indessen, wie sich zeigte, genau in jenen Klischeevorstellungen, die auch in der Standardsprache mit dem Wort *Zigeuner* konnotiert sind und die eben dieses Wort für eine wertneutrale Bezeichnung der gemeinten Minderheit unbrauchbar machen. Es eignet sich also, pointiert gesagt, als Einheit dialekt- und wohl auch historiolektgeographischer Beschreibungssprache einerseits in besonderem Maße, weil es genau das zum Ausdruck bringt, was durch entsprechende Einheiten der beschriebenen Sprache gemeint ist, andererseits hingegen überhaupt nicht, weil es das hier Gemeinte nicht kritisch zu beleuchten vermag. Anders und allgemeiner formuliert, befindet man sich als Lexikograph in der Bredouille, daß man einerseits semantische Stereotypen beschreibungssprachlich adäquat fassen muß, die man aber andererseits bei seinen Wörterbuchbenutzern nicht, zumindest nicht unreflektiert aufrufen will. Hier liegt für alle kritisch denkenden, ihrer gesellschaftlichen Aufgabe und Verantwortung sich bewußten Lexikographinnen und Lexikographen ein Problem vor, für das es aufgrund gewisser Rahmenbedingungen des praktischen lexikographischen Arbeitens (vorgegebene Wörterbuchstrukturen, zur Verfügung stehender Druckraum u. a.) keine Patentlösung geben kann und das daher von Fall zu Fall unterschiedliche Entscheidungen verlangt.[168]

5. Zitierte Literatur
5.1. Wörterbücher

Buurman, Hdt.-pldt. Wb. + Bd., Sp. = Otto Buurman. Hochdeutsch-plattdeutsches Wörterbuch. Auf der Grundlage ostfriesischer Mundart. Bd. 5. Neumünster 1967. Bd. 11. Neumünster 1974.

Dähnert, Pldt. Wb. + S., Sp. = Platt-Deutsches Wörter-Buch nach der alten und neuen Pommerschen und Rügischen Mundart. Von Johann Carl Dähnert. (1781). Unveränderter Nachdruck Wiesbaden 1967.

Duden Univ.Wb. + S., Sp. = Duden. Deutsches Universalwörterbuch. 2., völlig neubearb. und stark erw. Aufl.. Hrsg. u. bearb. vom Wissenschaftlichen Rat und den Mitarbeitern der Dudenredaktion unter der Leitung von Günther Drosdowski. Mannheim/Wien/Zürich 1989.

Frischbier, Preuß. Wb. + Bd., S., Sp. = Preußisches Wörterbuch. Ost- und westpreußische Provinzialismen in alphabetischer Folge. Von H. Frischbier. Bd. 2: L–Z. Nachträge und Berichtigungen. Berlin 1883.

Heinzerling/Reuter, Siegerl. Wb. + S., Sp. = Siegerländer Wörterbuch. 2. Aufl. Neu bearb. v. Hermann Reuter. Mit Abbildungen im Text, 65 Sprachkarten nebst Kirchspiel- und Ämterkarte und einem schriftdeutschen Register. Siegen 1968.

Jutz, Vorarlb. Wb. + Lfg., Sp. = Vorarlbergisches Wörterbuch mit Einschluß des Fürstentums Liechtenstein. Hrsg. v. der Österreichischen Akademie der Wissenschaften mit Unterstützung des Bundesministeriums für Unterricht des Landes Vorarlberg und des Fürstentums Liechtenstein. Bearb. v. Leo Jutz. Lfg. 11: K–Krieseblust. Wien 1960.

Kück, Lüneb. Wb. + Bd., Sp. = Lüneburger Wörterbuch. Wortschatz der Lüneburger Heide und ihrer Randgebiete, seit 1900 zusammen mit vielen Mitarbeitern gesammelt und sprachwissenschaftlich sowie volkskundlich erläutert von Eduard Kück. Bd. 3: S–Z. Im Auftrage des Herausgeberausschusses besorgt durch Walther Niekerken und Erika Unger, geb. Kück. Neumünster 1967.

Ludewig, Stadthan. Wb. + S., Sp. = Georg Ludewig. Stadthannoversches Wörterbuch. Bearb. u. hrsg. v. Dieter Stellmacher. Neumünster 1987. (Name und Wort. Göttinger Arbeiten zur niederdeutschen Philologie 10)

Luxemb. Wb. + Bd., S., Sp. = Luxemburger Wörterbuch. Im Auftrag der Großherzoglich Luxemburgischen Regierung hrsg. von der Wörterbuchkommission, aufgrund der Sammlungen, die seit 1925 von der Luxemburgischen Sprachgesellschaft und seit 1935 von der Sprachwissenschaftlichen Sektion des Großherzoglichen Instituts veranstaltet worden sind. Bd. 2: G–K (C, Q). Luxemburg 1955/62. Bd. 4: Q–Z. Luxemburg 1971–1975.

Mensing, Schlesw.-holst. Wb. + Bd., Sp. = Schleswig-holsteinisches Wörterbuch (Volksausgabe). Hrsg. v. Otto Mensing. Bd. 1: A bis E. Neumünster 1927. Bd. 5: T bis Z. Nachträge. Neumünster 1935.

Mitzka, Schles. Wb. + Bd., S., Sp. = Walther Mitzka. Schlesisches Wörterbuch.

Bd 1: A–H. Berlin 1963. Bd. 3: S–Z. Siglenverzeichnis und Ortsliste. Berlin 1965.

Pfälz. Wb. + Bd., Sp. = Pfälzisches Wörterbuch. Begr. v. Ernst Christmann. Bearb. v. Julius Krämer. Bd. 1: A. B. Wiesbaden 1965. Bd. 3: G. H. I. J. Wiesbaden 1976–1980

Rhein. Wb. + Bd., Sp. = Rheinisches Wörterbuch. Auf Grund der von J. Franck begonnenen, von allen Kreisen des rheinischen Volkes unterstützten Sammlung. Bd. 3: H–J. Mit 30 Wortkarten. Bearb. u. hrsg. v. Josef Müller. Berlin 1935. Bd. 9: U–Z mit 38 Wortkarten. Nachträge, Register, Übersichtskarte zum Ortsverzeichnis. Nach den Vorarbeiten von Josef Müller bearb. v. Heinrich Dittmaier. Berlin 1964–1971.

Schambach, Wb. ndt. Mda. + S., Sp. = Wörterbuch der niederdeutschen Mundart der Fürstenthümer Göttingen und Grubenhagen oder Göttingisch-Grubenhagen'sches Idiotikon. Gesammelt und bearb. v. Georg Schambach. Hannover 1858.

Schmeller + Bd., Sp. = Johann Andreas Schmeller. Bayerisches Wörterbuch. Sonderausgabe der von G. Karl Frommann bearb. 2. Ausgabe München 1872–1877. Mit der wissenschaftlichen Einleitung zur Ausgabe Leipzig 1939 von Otto Maußer. Bd. 2/2. München 1985.

Schwäb. Wb. + Bd., Sp. = Schwäbisches Wörterbuch. Auf Grund der von Adelbert v. Keller begonnenen Sammlungen und mit Unterstützung des Württembergischen Staates bearb. v. Hermann Fischer. Weitergeführt v. Wilhelm Pfleiderer. Bd. 6/1: U. W. X. Z. Tübingen 1924.

Siebenb.-sächs. Wb. + Bd., S., Sp. = Siebenbürgisch-sächsisches Wörterbuch. In Verbindung mit der deutschen Akademie der Wissenschaften zu Berlin hrsg. von der Akademie der sozialistischen Republik Rumänien. Bd. 4: H–J. Berlin/Bukarest 1972.

Südhess. Wb + Bd., Sp. = Südhessisches Wörterbuch begründet von Friedrich Maurer. Nach den Vorarbeiten von Friedrich Maurer, Friedrich Stroh und Rudolf Mulch bearb. v. Rudolf Mulch und Roland Mulch. Bd. 3: H–ksch. Marburg 1973–1977.

Teut, Hadeler Wb. + Bd., S. = Hadeler Wörterbuch. Der plattdeutsche Wortschatz des Landes Hadeln (Niederelbe) von Heinrich Teut. Bd. 4: S bis Z. Nachträge. Neumünster 1959.

Thür. Wb. + Bd., Sp. = Thüringisches Wörterbuch. Auf Grund der von V. Michels begonnenen und H. Hucke fortgeführten Sammlungen bearb. unter Leitung von K. Spangenberg an der Sektion Sprachwissenschaft der Friedrich-Schiller-Universität Jena. Bd. 6: T–Z. Quellen und Literaturverzeichnis. Berlin 1983 ff.

Unger/Khull, Steir. Wortsch. + S., Sp. = Steirischer Wortschatz als Ergänzung zu Schmellers Bayerischem Wörterbuch. Gesammelt v. Theodor Unger. Für den Druck bearb. u. hrsg. v. Ferdinand Khull. Graz 1903.

Vilmar, Id. Kurhess. + S. = Idiotikon von Kurhessen. Zusammengestellt v. A. F. C. Vilmar. Neue billige Ausgabe. Marburg/Leipzig 1883.

Wb. els. Mda. + Bd., S., Sp. = Wörterbuch der elsässischen Mundarten. Bearb. v.

E. Martin und H. Lienhart. Bd. 1: A. E. I. O. U. F. V. G. H. J. K. L. M. N. Straßburg 1899.

Wossidlo/Teuchert, Mecklenb. Wb. + Bd., Sp. = Wossidlo-Teuchert. Mecklenburgisches Wörterbuch. Hrsg. v. der Sächsischen Akademie der Wissenschaften zu Leipzig aus den Sammlungen Richard Wossidlos und aus den Ergänzungen und nach der Anlage Hermann Teucherts. Bd. 7: T bis Zypreß. Bearb. unter der Leitung v. Jürgen Gundlach unter Mitarb. v. Eva-Sophie Dahl, Christian Rothe, Erika Krackow und Walter Ihrke. Berlin/Neumünster 1992.

Wrede, Neuer Köln. Sprachsch. + Bd., S., Sp. = Adam Wrede. Neuer Kölnischer Sprachschatz. Bd. 1: A–J. Mit Anhang: Altkölnisch – Kölnisch-ripuarisch. Suchhilfe. Köln 1956.

Wrede, Pldt. Wb. + S., Sp. = Franz Wrede. Plattdeutsches Wörterbuch des Kirchspiels Sievershausen, Kreis Burgdorf i. Han. Ein Beitrag zur Mundart der Südheide. Celle 1960.

5.2. Sekundärliteratur

Bär Jochen A.: ... wofern das Detail keine Heiterkeit hat. Das Wortbildungsfeld *-heiter-* in der deutschen Frühromantik. In: Heiterkeit. Konzepte in Literatur und Geistesgeschichte. Hrsg. v. Petra Kiedaisch und Jochen A. Bär. München 1997, 161–202.

Bär, Jochen A.: Vorschläge zu einer lexikographischen Beschreibung des frühromantischen Diskurses. In: Wörterbücher in der Diskussion III. Vorträge aus dem Heidelberger Lexikographischen Kolloquium. Hrsg. v. Herbert Ernst Wiegand. Tübingen 1998, 155–211. (Lexicographica Series Maior 84)

Reichmann, Oskar: Lexikographische Einleitung. In: Frühneuhochdeutsches Wörterbuch. Hrsg. v. Robert R. Anderson / Ulrich Goebel / Oskar Reichmann. Bd. 1: Einführung. *a – äpfelkern*. Bearb. v. Oskar Reichmann. Berlin/New York 1989, 10–164.

Anmerkungen

1 Daß man, um ein einfaches Beispiel zu geben, in den Sätzen *Der Großvater geht mit seinem Enkel spazieren* und *Gib mir mal den Enkel aus dem Werkzeugkasten* jeweils versteht, was mit *Enkel* gemeint ist – im einen Fall ein direkter männlicher Nachkomme in der zweiten Generation, im anderen Fall ein Mittelding zwischen einem Schraubenschlüssel und einer Rohrzange – beruht auf der Tatsache, daß das Wort *Enkel* jeweils durch unterschiedliche kontextspezifische Wörter (*Großvater*; *Werkzeugkasten*) bestimmt ist.

2 Vgl. Bär 1997, 165 und Bär 1998, 180.

3 Die Auswahl gerade dieser Informationspositionen hängt unter anderem damit zusammen, daß die Artikelstrukturen der hier untersuchten Wörterbücher nicht kompatibel sind: Nicht alle Informationstypen, die sich in einem Wörterbuch finden, sind auch in jedem anderen enthalten. Für den Vergleich mußten solche gewählt werden, die sich in möglichst vielen Wörterbüchern finden.
4 Pfälz. Wb. 1, 755.
5 Ebd., 756.
6 Ebd., 758.
7 Pfälz. Wb. 1, 759; Mitzka, Schles. Wb. 3, 1547b s. v. *Zigan*.
8 Pfälz. Wb. 6, 1613 s. v. *Zigeuner* 2 g.
9 Pfälz. Wb. 3, 753 s. v. *Heide*[1] 2 a; ebd. 6, 1613 s. v. *Zigeuner* 2 g.
10 Jutz, Vorarlb. Wb. 11, 28.
11 Ebd. s. v. *Karrenzieher*.
12 Pfälz. Wb. 3, 761 s. v. *Heidenvolk*.
13 Südhess. Wb. 3, 214 s. v. *Heide* I 2 b α.
14 Buurman, Hochdt.-pldt. Wb. 11, 597 s. v. *Zigeunervolk*.
15 Ebd.
16 Pfälz. Wb. 6, 1613 s. v. *Zigeuner* 2 a.
17 Pfälz. Wb. 6, 1613 s. v. *Zigeuner* 2 c.
18 Thür. Wb. 6, 44 s. v. *Tatar* 2 a; ebd. s. v. *Tatarin*; ebd., 46 s. v. *Tätin*; ebd. 1247 s. v. *Zigeuner* 2 c.
19 Südhess. Wb. 3, 219 s. v. *Heidenkerl* 1 b
20 Mitzka, Schles. Wb. 3, 1547b s. v. *Zigan*.
21 Südhess. Wb. 3, 220 s. v. *Heidensack*.
22 Südhess. Wb. 3, 215 s. v. *Heide* I 2 b β.
23 Südhess. Wb. 3, 219 s. v. *Heidenmätz*.
24 Kück, Lüneb. Wb. 3, 397 s. v. *Tåt'r-lisch'n*.
25 Südhess. Wb. 3, 219 s. v. *Heidenkopf*.
26 Wossidlo/Teuchert, Mecklenb. Wb. 7, 38 s. v. *Tatersch*.
27 Thür. Wb. 6, 1246 s. v. *Zigeuner* 1 b.
28 Zur Informationsposition «Syntagma» vgl. beispielhaft Reichmann 1989, 133 ff.
29 Vgl. Ludewig, Stadthan. Wb. 113a; Mensing, Schlesw.-holst. Wb. 5, 18.
30 Vgl. Buurman, Hdt.-pldt. Wb. 11, 597; Mensing, Schlesw.-holst. Wb. 5, 18; Teut, Hadeler Wb. 4, 316.
31 Vgl. Pfälz. Wb. 3, 753; Rhein. Wb. 3, 415.
32 Vgl. Wossidlo/Teuchert, Mecklenb. Wb. 7, 1633; Jutz, Vorarlb. Wb. 1717.
33 Pfälz. Wb. 3, 753.
34 Thür. Wb. 6, 1247 s. v. *Zigeunerhemd*.
35 Rhein. Wb. 9, 790.
36 Rhein. Wb. 9, 751.
37 Thür. Wb. 6, 43.
38 Südhess. Wb. 3, 214.
39 Teut, Hadeler Wb. 4, 316.

40 Wossidlo/Teuchert, Mecklenb. Wb. 7, 1633.
41 Wossidlo/Teuchert, Mecklenb. Wb. 7, 36.
42 Thür. Wb. 6, 1246.
43 Vgl. Luxemb. Wb. 4, 506a; ebenso Rhein. Wb. 9, 790; ebenso Thür. Wb. 6, 1246; ebenso Jutz, Vorarlb. Wb. 1717.
44 Heinzerling/Reuter, Siegerl. Wb. 183b.
45 Südhess. Wb. 3, 214.
46 Thür. Wb. 6, 1246.
47 Rhein. Wb. 9, 790.
48 Rhein. Wb. 3, 415.
49 Schwäb. Wb. 6/1, 1196.
50 Buurman, Hdt.-pldt. Wb. 5, 289.
51 Pfälz. Wb. 3, 753.
52 Thür. Wb. 6, 43.
53 Thür. Wb. 6, 1246.
54 Vgl. Rhein. Wb. 9, 790.
55 Thür. Wb. 6, 1246.
56 Mensing, Schlesw.-holst. Wb. 5, 18.
57 Thür. Wb. 6, 1246.
58 Ebd.
59 Thür. Wb. 6, 43.
60 Pfälz. Wb. 6, 1613; Luxemb. Wb. 4, 506a; Thür. Wb. 6, 1247.
61 Rhein. Wb. 9, 791; Thür. Wb. 6, 1248.
62 Pfälz. Wb. 6, 1614; Jutz, Vorarlb. Wb. 1717; Schwäb. Wb. 6/1, 1197; Thür. Wb. 6, 1248; Teut, Hadeler Wb. 4, 670.
63 Mitzka, Schles. Wb. 3, 1548a.
64 Jutz, Vorarlb. Wb. 1717; Schwäb. Wb. 6/1, 1197.
65 Pfälz. Wb. 1, 755.
66 Rhein. Wb. 3, 417 (s. v. *[Heiden]-packasch*).
67 Pfälz. Wb. 3, 760; Südhess. Wb. 3, 219.
68 Rhein. Wb. 3, 416; Südhess. Wb. 3, 219.
69 Heinzerling/Reuter, Siegerl. Wb. 184a.
70 Buurman, Hdt.-pldt. Wb. 11, 597 s. v. *Zigeunervolk*; Pfälz. Wb. 3, 761.
71 Südhess. Wb. 3, 221.
72 Pfälz. Wb. 3, 761.
73 Pfälz. Wb. 3, 761.
74 Thür. Wb. 6, 44; Teut, Hadeler Wb. 4, 316.
75 Wossidlo/Teuchert, Mecklenb. Wb. 7, 37.
76 Buurman, Hdt.-pldt. Wb. 11, 597 s. v. *Zigeunervolk*; Mensing, Schlesw.-holst. Wb. 5, 19; Thür. Wb. 6, 44.
77 Wossidlo/Teuchert, Mecklenb. Wb. 7, 38.
78 Teut, Hadeler Wb. 4, 316; Wrede, Pldt. Wb. Sievershausen 261b.
79 Teut, Hadeler Wb. 4, 670.
80 Schwäb. Wb. 6/1, 1196; Thür. Wb. 6, 1248.
81 Pfälz. Wb. 6, 1613.

82 Pfälz. Wb. 6, 1615.
83 Südhess. Wb. 3, 218.
84 Pfälz. Wb. 3, 759; Rhein. Wb. 3, 415; Südhess. Wb. 3, 218.
85 Südhess. Wb. 3, 218.
86 Pfälz. Wb. 3, 760; Südhess. Wb. 3, 219.
87 Pfälz. Wb. 3, 760.
88 Südhess. Wb. 3, 219.
89 Südhess. Wb. 3, 220.
90 Südhess. Wb. 3, 220.
91 Pfälz. Wb. 3, 761.
92 Rhein. Wb. 3, 417.
93 Pfälz. Wb. 3, 761; Südhess. Wb. 3, 220.
94 Südhess. Wb. 3, 221.
95 Siebenb.-sächs. Wb. 4, 120a.
96 Teut, Hadeler Wb. 4, 670.
97 Mitzka, Schles. Wb. 3, 1548a.
98 Wossidlo/Teuchert, Mecklenb. Wb. 7, 1633.
99 Mitzka, Schles. Wb. 3, 1548a.
100 Schwäb. Wb. 6/1, 1197.
101 Thür. Wb. 6, 1248.
102 Luxemb. Wb. 4, 506a; Rhein. Wb. 9, 791; Thür. Wb. 6, 1248.
103 Buurman, Hdt.-pldt. Wb. 11, 597 s. v. *Zigeunerin*; Rhein. Wb. 9, 791; Thür. Wb. 6, 1248; Teut, Hadeler Wb. 4, 670.
104 Mitzka, Schles. Wb. 3, 1548a.
105 Pfälz. Wb. 6, 1614.
106 Mitzka, Schles. Wb. 3, 1548a; Thür. Wb. 6, 1248; Teut, Hadeler Wb. 4, 670.
107 Rhein. Wb. 3, 415.
108 Pfälz. Wb. 3, 760.
109 Heinzerling/Reuter, Siegerl. Wb. 184a.
110 Pfälz. Wb. 3, 760.
111 Pfälz. Wb. 3, 760; Rhein. Wb. 3, 416; Südhess. Wb. 3, 220; Wrede, Neuer Köln. Sprachsch. 1, 343b.
112 Südhess. Wb. 3, 220.
113 Pfälz. Wb. 3, 760.
114 Pfälz. Wb. 3, 761; Südhess. Wb. 3, 220.
115 Pfälz. Wb. 3, 761.
116 Pfälz. Wb. 3, 761; Rhein. Wb. 3, 417; Südhess. Wb. 3, 221.
117 Pfälz. Wb. 3, 762; Rhein. Wb. 3, 417.
118 Pfälz. Wb. 3, 765; Südhess. Wb. 3, 222.
119 Teut, Hadeler Wb. 4, 316.
120 Wossidlo/Teuchert, Mecklenb. Wb. 7, 37.
121 Wossidlo/Teuchert, Mecklenb. Wb. 7, 37.
122 Kück, Lüneb. Wb. 3, 397; Mensing, Schlesw.-holst. Wb. 5, 19.
123 Wrede, Pldt. Wb. Sievershausen 261b.

124 Mensing, Schlesw.-holst. Wb. 5, 19.
125 Mensing, Schlesw.-holst. Wb. 5, 19; Thür. Wb. 6, 44.
126 Mitzka, Schles. Wb. 3, 1369a; Thür. Wb. 6, 44.
127 Buurman, Hdt.-pldt. Wb. 11, 597 s. v. *Zigeunerin*; Kück, Lüneb. Wb. 3, 396 s. v. *Tåt'r*; Thür. Wb. 6, 44; Teut, Hadeler Wb. 4, 316; Wossidlo/Teuchert, Mecklenb. Wb. 7, 38; Wrede, Pldt. Wb. Sievershausen 261b.
128 Buurman, Hdt.-pldt. Wb. 11, 597 s. v. *Zigeunerin*; Kück, Lüneb. Wb. 3, 397; Mensing, Schlesw.-holst. Wb. 5, 19; Teut, Hadeler Wb. 4, 316; Wrede, Pldt. Wb. Sievershausen 261b.
129 Vgl. die lexikographischen Kommentare bei Jutz, Vorarlb. Wb. 1717: »Auch andere Z[u]s[ammen]s.[etzungen] mit gewöhnlich abfälligem Nebensinn sind bisweilen üblich« und im Schwäb. Wb. 6/1, 1197: »Ausserdem wird Z i g e u n e r s- vielfach als verstärkendes Scheltwort (z. B. *-g^{e}lump*, *-zeug* u. a.) verwendet«.
130 Wossidlo/Teuchert, Mecklenb. Wb. 7, 37.
131 Wossidlo/Teuchert, Mecklenb. Wb. 7, 37.
132 Kück, Lüneb. Wb. 3, 397; Ludewig, Stadthan. Wb. 113a; Schambach, Wb. nd. Mda. 225a; Wrede, Pldt. Wb. Sievershausen 261b.
133 Vgl. den lexikographischen Kommentar bei Kück, Lüneb. Wb. 3, 397: »Der erste Teil [des Wortes *Tåt'rschink'n*] soll den geringeren Wert [der Sache] hervorheben«.
134 Mensing, Schlesw.-holst. Wb. 5, 19.
135 Luxemb. Wb. 4, 506a.
136 Jutz, Vorarlb. Wb. 1717; Schwäb. Wb. 6/1, 1197; Thür. Wb. 6, 1248.
137 Rhein. Wb. 3, 417.
138 Mitzka, Schles. Wb. 3, 1548a.
139 Mitzka, Schles. Wb. 3, 1548b.
140 Schwäb. Wb. 6/1, 1197; zitiert wird ein Beleg von Sebastian Frank: »Greca fides heysst ZigeinerTrew oder Gelübt, darauff man nit vil hellt oder bürgt«.
141 Frischbier, Preuß. Wb. 2, 493a/b.
142 Luxemb. Wb. 4, 506a.
143 Thür. Wb. 6, 44.
144 Südhess. Wb. 3, 219.
145 Rhein. Wb. 3, 417.
146 Pfälz. Wb. 3, 761.
147 Thür. Wb. 6, 1247 s. v. *Zigeuner* 4.
148 Thür. Wb. 6, 1247 s. v. *Zigeuner* 6.
149 Mitzka, Schles. Wb. 3, 1548a.
150 Rhein. Wb. 9, 791 s. v. *Zigeuner* 2 b.
151 Mitzka, Schles. Wb. 3, 1548a; Schmeller 2/2, 1095; Thür. Wb. 6, 1248; Unger/Khull, Steir. Wortsch. 651b; Teut, Hadeler Wb. 4, 670.
152 Rhein. Wb. 9, 791.
153 Kück, Lüneb. Wb. 3, 397 s. v. *Tatt-horn*; Mensing, Schlesw.-holst. Wb. 5, 19; Teut, Hadeler Wb. 4, 316.
154 Thür. Wb. 6, 44.

155 Rhein. Wb.3, 417 s. v. *heidnisch* 1 b.
156 Gleichfalls von Interesse wären Entscheidungen des Lexikographen bei der Auswahl und beim Schnitt der Belege, anders gesagt die Frage: Was zitiert er, was läßt er weg? Hierüber kann im Rahmen dieser Untersuchung allerdings insofern keine Aussage gemacht werden, als das Belegmaterial, mit dem der jeweilige Lexikograph seine Wörterbuchartikel verfaßte, nicht vorliegt, so daß nicht überprüft werden kann, ob und wie er das präsentierte Material selektiert, ob und wie er einzelne Belege gekürzt hat.
157 Jutz, Vorarlb. Wb. 11, 28.
158 Wb. els. Mda. 1, 303b.
159 Mitzka, Schles. Wb. 3, 1547b.
160 Wrede, Pldt. Wb. Sievershausen 261b.
161 Vgl. Duden Univ.Wb 1721b s. v. *Weib* 2 b.
162 Wossidlo/Teuchert, Mecklenb. Wb. 7, 36.
163 Mensing, Schlesw.-holst. Wb. 5, 18.
164 Einen Hinweis darauf, daß hier eine *berichtete* Rede dokumentiert werden soll («es wird erzählt/angegeben/behauptet, daß sie beim Betteln von Speck sagten: *in Gottsnamen, Vadder, snie dick*»), gibt folgende Tatsache: Wäre der in Frage stehende Satz eine Äußerung nicht auf der zweiten, sondern auf der ersten Metaebene, so hätte der Satzteil »beim Betteln von Speck sagten sie« den Charakter einer lexikographischen Erläuterung, der Satzteil »in Gottsnamen, Vadder, snie dick« hätte den Charakter eines Beleges. Er wäre aber dann ein Beleg, in dem das zu belegende Wort (hier: *Tater*) nicht vorkommt, was sämtlichen lexikographischen Grundregeln widerspräche. Sinnvoller scheint es unter diesem Aspekt, den gesamten Satz »beim Betteln von Speck sagten sie: *in Gottsnamen, Vadder, snie dick*« als Beleg, und zwar als indirekten (vom Lexikographen paraphrasierten) Beleg zu deuten: Das zu belegende Wort *Tater* erscheint zwar auch hier nicht, wird aber durch das Personalpronomen *sie* ersetzt.
165 Daß gerade dieser Aspekt für die Sprecher (und zweifellos auch die Sprecherinnen) ein Problem darstellt, wird nicht nur durch die auffällige Vielzahl der Wortbildungen zur Bezeichnung der Zigeunerin belegt (insgesamt sind doppelt so viele Bezeichnungen für Frauen zu finden als für Männer), sondern auch die besondere Verächtlichkeit vieler Ausdrücke (vgl. 2.3).
166 Ins Auge fällt die Tatsache, daß die jeweils zweiten Bestandteile nicht weniger kompositorischer Wortbildungen abwertende Ausdrücke aus dem sexuellen Bereich bzw. durch die semantische Komponente unordentlichen (und zwar moralisch unordentlichen) Verhaltens konnotativ mit diesem verbunden sind (z. B. *Zigeunerfotze, Zigeunerhure, Zigeunerluder, Zigeunerschlomper, Taterhure*; vgl. 2.3).
167 Schmeller (2/2, 1094) enthält sich mit seiner spartanischen Bedeutungserläuterung »wie h[o]chd.[eutsch]« jeder Wertung und läßt gewissermaßen das Belegmaterial «für sich sprechen». – Er bezieht indessen in sehr sublimer Weise dennoch Stellung. Er läßt seinen Wörterbuchbenutzer nämlich nicht mit überlieferten Klischeevorstellungen allein, sondern versucht dessen

Wortverständnis positiv zu beeinflussen: Er gibt – eine Ausnahme im Dialektwörterbuch – historische und ethnographische Sachinformationen über die als *Zigeuner* bezeichneten Menschen (ebd. 1095) und «erhebt» diese so, anstatt sie als soziales Ärgernis darzustellen, zum Gegenstand wissenschaftlichen Interesses (eine Tatsache, die sie gerade in den Augen des zeitgenössischen Wörterbuchbenutzers durchaus aufgewertet haben dürfte).

168 Zwei unterschiedliche Lösungsvorschläge werden im vorliegenden Band präsentiert: Zwei Wörterbuchartikel *Zigeuner*, der eine verfaßt von Ulrich Kronauer mit dem Belegmaterial und nach den Maßgaben des *Deutschen Rechtswörterbuchs*, der andere verfaßt von mir (in Zusammenarbeit mit Silke Bär) mit dem Belegmaterial und nach den Maßgaben des *Frühneuhochdeutschen Wörterbuchs*.

Das Bild des „Zigeuners" in den Lexika der nationalsozialistischen Zeit

A nja L obenstein-R eichmann

1. Einleitende Bemerkungen

„Heute noch sind die Zigeuner eine verfolgte Minderheit, und die Erforschung ihrer Geschichte während des Nationalsozialismus ist lückenhaft geblieben."[1]

Obwohl auch Sinti und Roma zu den Opfern des nationalsozialistischen Regimes gehörten, und obwohl dieses dunkle Kapitel deutscher Geschichte international immer wieder ins Zentrum wissenschaftlicher Untersuchungen gestellt wurde, lassen sich in der Literatur höchstens einmal Unterkapitel zur Verfolgung dieser Minderheit finden. In einem erst kürzlich erschienenen Nachschlagewerk zum Vokabular des Nationalsozialismus[2] muß man lange suchen, um überhaupt einen Hinweis darauf zu finden, daß neben den Juden auch Angehörige anderer Gruppen von den Nazis verfolgt wurden. Das Stichwort „Zigeuner" fehlt gänzlich. Eine mögliche Ursache für diesen Mißstand wurde im Zitat bereits angedeutet. Vorurteile sind hartnäckig. Die Aufarbeitung der nationalsozialistischen Vergangenheit muß daher Hand in Hand gehen mit der Aufarbeitung von traditionellen Vorurteilen und Stereotypen.

Wenn in der Überschrift dieses Artikels das Wort *Bild* gebraucht wurde, so sind damit in Sprache und damit in Texte gefaßte und durch Sprache und Texte vermittelte Stereotypen gemeint, durch die das Verhalten einer bestimmten sozialen Gruppe gegenüber einer anderen sozialen Gruppe innerhalb einer Gemeinschaft beeinflußt wird. Zumeist handelt es sich bei den durch Stereotypen besonders belasteten sozialen Gruppen um sozial Schwächere bzw. um diejenigen Teile der Bevölkerung, die durch nicht mehrheits- oder herrschaftskonforme Verhaltensweisen als andersartig markiert werden können, also um Randgruppen. Stereotypen sind daher besonders in totalitären

Staaten, in denen ein erhöhtes Konformitätsbewußtsein herrscht, ein willkommenes Instrumentarium zur Diffamierung und Ausgrenzung, und können im Extremfall auch zur Legitimierung von Gewaltmaßnahmen gegenüber unliebsamen Mitbürgern gebraucht werden. Stereotypen sind kognitive Größen, die sich sprachlich manifestieren und zum festen Inventar jeder Einzelsprache gehören. Man kann sie daher auch in jeder alltäglichen Kommunikationssituation finden.

In den folgenden Ausführungen wird in vielem der Sprachgebrauch der nationalsozialistischen Zeit zitiert. Doch nur auf diese Weise kann die subtile Brutalität dieser Sprache, aber auch ihr Anspruch auf Allgemeingültigkeit wiedergegeben werden. Vielleicht sollte man einmal darauf achten,[3] wie leicht es fällt, von dem Zigeuner zu sprechen oder von dem Juden. Gerade in Lexika ist es häufig der Fall, daß man generalisiert, wo man differenzieren müßte, daß man ein Bild suggeriert, daß es so nie gegeben hat. Suggestion und Wirklichkeit können in der Textsorte Lexikon von einem zeitgenössischen Leser ohne kritische Distanz oft nicht unterschieden werden, besonders da den Lexika im allgemeinen ein Wahrheitswert zugesprochen wird, der in dieser Weise nie existieren kann.

Arbeitsgrundlage für die folgenden Ausführungen sind angesehene Standardwerke, bei denen man gemeinhin nicht unbedingt vermutet, daß sie ideologisch gefärbt sind. Es handelt sich hierbei zum einen um: Meyers Lexikon. Siebente Auflage. 12. Band, Traunsee – Zz. Leipzig 1930. Spalte 1786ff. (abgekürzt M 1930), Der große Brockhaus. Handbuch des Wissens in zwanzig Bänden. 15. völlig neubearbeitete Auflage von Brockhaus' Konversations-Lexikon. 20. Band. Wan-Zz. Leipzig 1935, 630ff. (abgekürzt B 1935). Der Große Herder. Nachschlagewerk für Wissen und Leben. Vierte, völlig neubearbeitete Auflage von Herders Konversationslexikon. 12 Band (Unterführung bis Zz). Freiburg 1935, 1506ff. (abgekürzt Herder). Der große Brockhaus. Allbuch in vier Bänden und einem Atlas. Vierter Band S-Z. Leipzig 1938 (abgekürzt BA 1938). Der Sprach-Brockhaus. Deutsches Bildwörterbuch für jedermann. Vierte, verbesserte Aufl. Leipzig 1944.

Zunächst muß geklärt werden, was wir unter dem Terminus *Lexikon* zu verstehen haben:

Das Duden Fremdwörterbuch schreibt unter den Stichwörtern *Lexikon* bzw. ***Konversationslexikon*** unter anderem:

„alphabetisch geordnetes Nachschlagewerk zur raschen Orientierung über alle Gebiete des Wissens oder für ein bestimmtes Sachgebiet."[4]

Bei dieser Definition wird stillschweigend vorausgesetzt, daß es 1. so etwas wie einen Stand des Wissens gibt und 2. daß dieser dem Leser in objektiver Weise mitgeteilt werden kann. Dementsprechend wird kein Leser die Richtigkeit der in einem Lexikon gemachten Angaben bezweifeln, schon gar nicht, wenn das benutzte Nachschlagewerk einen so renommierten Namen trägt wie Brockhaus oder Herder. Der durchschnittliche Lexikonbenutzer geht zweifellos davon aus, daß die Informationen, die ihm durch ein solches Nachschlagewerk zugänglich gemacht werden, verständlich, kompetent und vor allem objektiv sind.

Im Brockhaus Allbuch von 1938 steht unter dem Stichwort *Konzentrationslager* folgendes:

„1) während eines Krieges ein Lager für die Festhaltung von Zivilgefangenen oder von Truppen, die auf neutrales Gebiet übergetreten sind. 2) im Deutschen Reich ein polizeilich beaufsichtigtes und bewachtes Unterkunftslager, in dem Personen zeitweise festgehalten werden, um das Aufbauwerk der Regierung nach der nationalsozialistischen Revolution von 1933 nicht zu gefährden. Es handelt sich dabei um Anhänger des Bolschewismus, in dem der Nationalsozialismus den Todfeind aller europäischer Kultur sieht, oder um Personen, die sich durch Bestechlichkeit, Charakterlosigkeit, unsoziales Verhalten usw. als politisch haltlos oder gefährlich erwiesen oder die Verrat an der nationalsoz. Aufbauarbeit und an der Volksgemeinschaft begangen haben. Sie werden in Gruppen zusammengefaßt und zu nutzbringender Arbeit angehalten. Die meisten K. sind nach Befriedung der Verhältnisse wieder aufgelöst worden." (BA III).

Bedeutungsangaben dieser Art sind sicherlich jedermann vertraut. In den meisten Fällen reicht eine solche kurze Information auch aus, um den alltäglichen Wissensdurst zu stillen. Wenn dennoch Fragen offen bleiben, so kann man sicher sein, daß das Lexikon auch diese noch beantworten wird. Ich hatte mit dem Wort *Volksgemeinschaft* einige Verständnisprobleme und habe daher auch dieses nachgeschlagen: Laut demselben Brockhaus ist eine *Volksgemeinschaft*:

„die auf blutmäßiger Verbundenheit, auf gemeinsamem Schicksal und auf gemeinsamem polit. Glauben beruhende Lebensgemeinschaft eines Volkes, der Klassen- und Standesgegensätze wesensfremd sind. Sie ist Ausgang und Ziel der nationalsozialistischen Weltanschauung und des von ihr getragenen Staates." (BA IV).

Leider war das Stichwort *Lebensgemeinschaft* nicht weiter zu verfolgen, da es nicht als eigener Artikel verzeichnet ist. Bei der Suche danach fiel allerdings ein anderes Wort auf, nämlich *Lebensfähigkeit* (BA III, 41). Dieses wurde zwar nicht erklärt, jedoch war es mit einem Verweispfeil zum Stichwort *Rechtsfähigkeit* versehen. Der Lexikonbenutzer weiß daher sofort, daß er nähere Informationen zum Wort *Lebensfähigkeit* unter dem Wort *Rechtsfähigkeit* zu suchen hat. Neugierig geworden, schlug ich nach: Rechtsfähigkeit und damit auch Lebensfähigkeit ist:

„die Fähigkeit, Träger von Rechten und Pflichten zu sein. Sie kommt allen natürlichen und juridischen Personen zu. Die R.[echtsfähigkeit] beginnt mit Vollendung der Geburt und endet mit dem Tod." (BA III).

Auch das Stichwort *Weltanschauung* (BA IV) ist sehr informativ. Es ist an dieser Stelle nicht nötig, den ganzen Artikel zu zitieren, daher beschränke ich mich auf den interessanteren letzten Absatz.

„W.[eltanschauung] strebt immer nach Allgemeingültigkeit und zielt entweder auf den Einzelnen ab oder auf die Gemeinschaft; die Frage nach der W. rührt somit an die nach der Stellung des Einzelnen zur Gemeinschaft. Das Fehlen einer tragenden W., einer einheitlichen Auffassung über Aufgaben, Pflichten und Ordnung des Einzelnen und des Ganzen hat die politische Schwäche des deutschen Volkes wesentlich verursacht. Der Nationalsozialismus hat es als eine seiner Hauptaufgaben angesehen, diesen Schwächezustand zu überwinden. Er verbindet alle Deutschen durch eine einheitliche W., die ihren sichtbaren Ausdruck in der Neuordnung der Volksgemeinschaft und ihrer großen sozialen, kulturellen und staatlichen Einrichtungen erhält." (BA IV).

Bereits in diesen wenigen Informationen habe ich viel über das Deutsche Reich im Jahre 1935 gelernt. Es ist ein Staat, dessen Volksgemeinschaft „blutsmäßig" verbunden ist, ein gemeinsames Schicksal teilt und einen einheitlichen politischen Glauben besitzt. Dieser politische Glaube und die dazugehörige Weltanschauung manifestie-

ren sich in der nationalsozialistischen Revolution, die außer den Bolschewisten auch diejenigen Personen zum Feind hat, *„die sich durch Bestechlichkeit, Charakterlosigkeit, unsoziales Verhalten usw. als politisch haltlos oder gefährlich erwiesen oder die Verrat an der nationalsoz. Aufbauarbeit und an der Volksgemeinschaft begangen haben."*
Solche Personen widersprechen der nationalsozialistischen Weltanschauung besonders dadurch, daß sie sich nicht in die notwendige Ordnung fügen, nicht konform sind, ihre Aufgaben und Pflichten nicht zum Wohle der „blutgebundenen" Volksgemeinschaft ausüben und daher folgerichtig entweder in ein Konzentrationslager zu inhaftieren sind oder aber, da sie sich als nicht rechtsfähig erwiesen haben, auch als nicht lebensfähig angesehen werden können.[5]

Dies mag eine Verkürzung der Tatsachen sein, doch haben wir es hier mit Lexika zu tun, die dadurch charakterisiert sind, daß sie die Dinge möglichst knapp und pointiert zum Ausdruck bringen. So knapp, daß man eigentlich nicht so recht weiß, wer denn dieser „asoziale, blutsfremde und gefährliche Feind" sein soll. Das Stichwort Rasse hilft weiter. Dort steht unter anderem:

„Eine Rasse ist eine größere Gruppe von Menschen, die sich durch eine Summe von erblichen körperlichen und geistig-seelischen Merkmalen von anderen Menschengruppen unterscheidet. [...] Die Befürchtung, daß, wie bei anderen Völkern in Geschichte und Gegenwart, auch beim deutschen Volk der Anteil der nordischen R. zurückgehen, eine Entnordung eintreten könne, hat zu Bestrebungen geführt, die dem Rückgang des nordischen Blutes entgegenwirken wollen. Die Erkenntnis von der Bedeutung der R. für das Leben der Völker ist ein Grundpfeiler nationalsozialistischer Weltanschauung." (BA III).

Eine dieser Bestrebungen gegen die sogenannte „Entnordung" vorzugehen, wird unter dem Stichwort Rassenpflege genannt. Es ist die *„freiwillige und gesetzliche Unfruchtbarmachung bes. von Asozialen, erblich Kranken und Schwachsinnigen"* (BA III). An gleicher Stelle erhält man auch den Hinweis auf die Nürnberger *Rassegesetze*, auch *Blutschutzgesetze* genannt.

Hier möchte ich meine Reise durch das Brockhaus Allbuch abbrechen. Denn es ist gemeinhin bekannt, gegen wen sich diese Gesetze richteten. Der Feind der nordischen Herrenrasse war in erster Linie <u>der</u> Jude und <u>der</u> Zigeuner. Diese mußten mit den oben beschriebenen

Maßnahmen zum Schutze des Deutschen Volkes leben bzw. sterben. Die Ideologie und ihre Schlußfolgerungen, die der Brockhaus hier verbreitet, sind kaum zu verkennen. Und wer den Brockhaus damals las, hätte darüber informiert sein können.

Ich habe diese Lexikonartikel deswegen an den Anfang meiner Ausführungen gestellt, weil die nun folgenden Aussagen über das Stichwort Zigeuner nur dann richtig verstanden werden können, wenn man sich ihres weltanschaulichen Kontextes bewußt ist. Stereotypen, Vorurteile und Klischees über den Zigeuner gab es und gibt es in allen Lexika, in allen Ländern und durch alle Zeiten hindurch.[6] Doch in der Zeit des Nationalsozialismus bekamen diese Stereotypen eine andere Dimension. Sie standen in einem Kontext, der ein Überleben für denjenigen unmöglich machte, der der Weltanschauung des nationalsozialistischen Volkstums im Wege stand.

Wie sehr dies für die Angehörigen der Sinti und Roma im Dritten Reich zutraf, zeigen die Eintragungen unter dem Stichwort Zigeuner, wobei gleich an dieser Stelle anzumerken ist, daß die Selbstbezeichnungen Sinti und Roma als eigene Stichwortansätze nur in Ausnahmefällen, in den von mir untersuchten Lexika jedoch nicht zu finden sind. (BA 38, Herder, B 35).[7]

2. Das Stichwort Zigeuner in den Nachschlagewerken des Dritten Reiches

In allen genannten Nachschlagewerken lassen sich immer wieder dieselben inhaltlichen Gliederungspunkte finden. Sie betreffen: 1. die Herkunft und damit auch die Rasse, 2. die Wanderungen, 3. die Sprache, 4. die Lebensumstände wie Nahrung, Kleidung und Wohnung, 5. die „besonderen" Sitten und Gebräuche, 6. die Bestreitung des Lebensunterhaltes und nicht zuletzt 7. die kulturelle Leistung und deren Bewertung dieser in ganz Europa lebenden Minderheit.

2. 1. Beschreibung von Herkunft und Rasse

Die folgenden Ausführungen werden sich in diese genannten 7 Bereiche gliedern. Beginnen möchte ich mit Punkt 1, dem Herkunfts- und

Rasseproblem. Wenn hier das Wort *Problem* benutzt wird, so ist auch dies nicht eine von mir eingebrachte Redeweise, sondern bezieht sich auf die in den Lexika gemachten Aussagen. Denn für die jeweiligen Autoren warfen die Herkunft und sogenannte Rasse der Zigeuner gleich mehrere Probleme auf, nämlich die schwierige Klassifizierbarkeit, die Nichterfaßbarkeit und damit die Nichtkontrollierbarkeit. Wenn ich jemanden bekämpfen möchte, muß ich wissen, wer mein Feind ist, wie ich ihn von anderen unterscheiden kann, wo er zu finden ist und wie viele es davon gibt.

Bei allen Bemühungen um die Rassenkunde, das heißt um die anthropologische Einordnung durch „Wissenschaftler" wie Robert Ritter, Eva Justin oder Sophie Erhardt,[8] gerieten die dafür zuständigen Reichsbeamten im Falle gerade dieser Minderheit in Konflikte,[9] die sich auch in den Lexika niederschlagen.

Eine Klassifikation wurde für den Lexikographen zum einen deswegen schwierig, weil die Anthropologie der Zigeuner scheinbar noch nicht hinreichend untersucht worden war:

„**Anthropologisch** gehören die Z. zu dem indischen Rassegemisch. Eine auch nur einigermaßen ausreichende anthropol. Untersuchung der verschiedenen Zigeunergruppen Europas fehlt noch. Sie sind durchweg dunkelhaarig, dunkeläugig und haben braune Haut. Die Körpergröße schwankt um ein Mittel von 163 cm herum. Die Kopfform dürfte nach der Langschädligkeit zu neigen, im Durchschnitt mittellang sein. Auch die Verteilung der Blutgruppen weist nach Indien." (B 35).

Problematisch war zum anderen jedoch auch, daß die Zigeuner nicht eindeutig zugeordnet werden konnten bzw. daß man sie nicht wirklich zuordnen wollte. Denn, und diese Vermutung liegt nahe, man wollte sie sicherlich nicht der Rasse der Arier eingliedern, zu der man sich ja bekanntlich selbst zählte: So heißt es in Meyers Lexikon:

„Die Z. sind als Mischvolk nur mit Vorbehalt zu den Ariern zu rechnen; sie stehen der nichtarischen Urbevölkerung Indiens nahe. Sie sind lebhaft, schlau, mittelgroß, schlank, schön gebaut, muskulös, braungelb, die Nase leicht gebogen, die Stirn hoch, die Augen etwas schief, das Haar schwarz, straff und voll. Ein anderer Typ hat breites Gesicht und gröbere Körperformen. (M 1930).

Erschwert wurde eine nicht nur lexikographisch notwendige Klassifikation auch deswegen, weil sich die Zigeuner – im Widerspruch zu anderen Vorurteilen, die später noch thematisiert werden – durchaus im Laufe der Zeit mit ihren „Wirtsvölkern" vermischt hatten. Doch auch die Feststellung, daß es Mischungen gab, änderte für die Lexikographen nichts an der „genetischen" Andersartigkeit dieser Menschen. Und so liest man im Großen Herder:

„Trotz der starken Mischungen, denen sie im Lauf der Zeit ausgesetzt waren, blieb die indische Grundlage erhalten. Freilich haben die Rassencharaktere der einzelnen Wirtsvölker einen weitgehenden Einfluß auf sie ausgeübt, bes. dort, wo sie seßhaft wurden." (Herder 1935).

In den Worten der Lexikographen bildeten die Zigeuner zwar ein Rasse"gemisch", jedoch – und jetzt benutze ich bewußt eine Redeweise der nationalsozialistischen Rassenkunde – mit „stark zigeunerischem Blutanteil". Ihrer Blutgruppe nach gehören sie eben nicht zu den Ariern. Im besten Falle gerade mal zu den indischen Parias, die im Kastensystem bekanntlich ganz unten anzuordnen sind. Da die Rasse ein deutliches Indiz für oder gegen Kultur, besonders aber für oder gegen die Tauglichkeit zur Anpassung an die nationalsozialistische Weltanschauung war, wird ihre Verschiedenartigkeit und damit auch ihre Minderwertigkeit im Gegensatz zur nordischen Rasse deutlich. Noch einmal der Herder von 1935:

„Zigeuner, in Norddeutschland Tätern genannt, ein über fast alle Länder Europas sowie Teile Asiens u. Afrikas verbreitetes Volk, das sich durch Sprache, Sitten u. Rassemerkmale von den umwohnenden Völkern überall stark unterscheidet." (Herder 1935).

Der Brockhaus von 1935 wird noch deutlicher. Gleich zu Beginn heißt es da:

„Zigeuner (...), ein unter allen Kultur- und Halbkulturvölkern der Erde (...) verbreitetes, unstetes, sprachlich zu den Indogermanen gehörendes Wandervolk, das trotz innigster Berührung mit europ. Gesittung diese ablehnt und seine völkische Ursprünglichkeit und Eigenart mitten unter den hochzivilisierten Völkern bewahrt." (B 1935).

Dies letzte Zitat zeigt, wie eng Rasse und Charakter von den Nationalsozialisten in unzulässiger Weise miteinander vermengt werden. Die nichtarische, nicht blutsverwandte Art der Zigeuner verhindert als ein innerstes Charaktermerkmal dieser Volksgruppe ihre Assimilation an hochzivilisierte Völker. Und aus diesem Grunde schreibt der

Brockhaus auch 1938: „Im Deutschen Reich fallen sie unter das Blutschutzgesetz."

2. 2. Die Wanderung

Ein weiteres Problem im o.g. Sinne stellten die Zigeuner auch deswegen dar, weil man sie angeblich nicht zählen konnte. Die Lexikographen deuten an, daß die Zigeuner ihre staatliche Erfaßbarkeit und damit auch ihre Kontrollierbarkeit durch die staatliche Ordnung bewußt hintertrieben hätten. Die Zigeuner entzogen sich in den Augen der Lexikographen also nicht nur durch ihre Rasse der Integration in die staatliche Ordnung, sondern auch durch ihr Nomadentum.

„Ihre Kopfzahl hat noch kein Staat genau festzustellen vermocht, da sich die Z. der Zählung entziehen." (M 1930).

„Die Zahl der Z. schwankt zwischen 2 und 5 Millionen; eine genaue Statistik aufzustellen, ist unmöglich." (B 1935).

Die sogenannte Wanderung, ist ein zentrales Anliegen aller Lexika. Von einer möglichen Seßhaftigkeit ist, wenn überhaupt, dann nur in Nebensätzen die Rede. Das auf diese Weise generalisierte Wanderleben wird jedoch nicht als ein für die Angehörigen der Sinti und Roma oft leidvoll auferlegtes Schicksal geschildert, sondern als eine ihrem Wesen gemäße Lebensform. So stellt der Brockhaus von 1935 einfach fest: „*Wandern ist ihr eigentl. Leben.*" (BA 35). Und gleich zu Beginn desselben Artikels hieß es, ähnlich wie übrigens auch im BA von 1938:

„Die Z. sind ein unter allen Kultur- und Halbkulturvölkern der Erde (...) verbreitetes, unstetes Wandervolk (...)." (B 1935).

Die Nichtzählbarkeit in Verbindung mit der Nichtseßhaftigkeit wird als staatsbedrohlich angesehen, und zwar besonders deswegen als es in den Augen der Lexikographen ein charakteristisches Merkmal der Zigeuner sei, das ebenfalls nicht kontrolliert werden kann. Das plötzliche Auftauchen und Verschwinden der Zigeunerbanden, wie sie daher auch genannt werden, das Unzuverlässige und insofern auch die unmögliche Einflußnahme auf sie bilden einen zentralen Punkt in allen Artikeln der untersuchten Nachschlagewerke. Sprachlich wird das Bedrohliche durch Ausdrücke hervorgehoben, wie *auftauchen, sich ergießen, sich verbreiten, sich ausbreiten, gemeldet werden, auffallen, Zigeunerwellen,* zum Teil Wörter, die sonst für biologische Vorgänge oder Naturkatastrophen und Seuchen verwendet werden.

„Südosteuropa ist die europ. Heimat der Z.; von hier ergossen und ergießen sich auch heute noch Zigeunerwellen nach Westeuropa und Übersee." (BA 38).

Solche Redeweisen implizieren eine Kriminalisierung, die dann nur noch dadurch verstärkt zu werden braucht, in dem man hinzufügt:

„Wandern ist ihr eigentl. Leben. Ihre weiten Wanderungen von Rumänien und Bulgarien bis nach Holland sind nur denkbar mit Hilfe ihres ausgezeichnet ausgebildeten Wanderzeichensystems, wodurch die ersten den nachfolgenden Stammesgenossen wichtige Mitteilungen über Weg und Polizei machen können." (BA 35).

Oder:

„Die politischen Grenzen bilden auch für sie etwas Geschlossenes, wenn auch viele ihrer Stammesgenossen die Grenzen trotz schärfster Bewachung durchbrechen." (BA 35).

Nicht nur, daß die Zigeuner durch ihre Lebensweise der staatlichen Kontrolle bereits per se entzogen sind, sie forcieren dies angeblich auch noch und durchbrechen die Autorität der obrigkeitlichen Ordnung bewußt, in dem sie geheimnisvolle Zeichensysteme entwickelt haben, mit denen sie Geheimbotschaften an ihre Mitglieder weitergeben und diese sich damit ebenfalls dem polizeilichen Zugriff entziehen können.

2. 3. Die Sprache der Sinti und Roma

Geheime Zeichensysteme, wie sie eben angedeutet wurden, sind Sprachen, die nicht von jedermann verstanden werden können. Auch die Zigeunersprache ist für die Lexikographen zwar eine interessante Hilfe zur Lösung der Herkunftsproblematik, sie beinhaltet jedoch auch das Fremde, Geheimnisvolle und Gefährliche. Wie der Mensch *Zigeuner* in seiner Anthropologie ist auch seine Sprache ein „Gemisch":

„Südosteuropa ist ihre europ. Heimat, von hier ergossen und ergießen sich auch heute noch Zigeunerwellen (die letzte seit 1906) nach Westeuropa und Übersee, wo der urspr. Bestand an Wörtern immer mehr durch Entlehnungen aus Sprachen der Völker, unter denen sie leben, ersetzt wird." (BA 35).

Dieses „Sprachgemisch" neigt sich in der Darstellung der Lexikographen deutlich der Unterschichtigkeit zu und dient vermeintlich nur dem einen Zweck, Verschwörungen über die Grenzen des Deutschen Reiches hinweg anzuzetteln.

„Diese Mundarten der verschiedenen Nationen traten in Austausch auch mit den Gaunersprachen. Trotzdem ist der Bau des Zigeunerischen in allen seinen zahlreichen Mundarten der gleiche, so daß sich ein Z. Spaniens mit einem aus dem Südosten Europas verständigen kann." (M 1930).

Auch in der Assoziationskette Zigeunersprache – Gaunersprache kann die oben erwähnte Kriminalisierung durch den Lexikographen wiedererkannt werden.

Nichtarisches Blut, damit auch nicht zivilisiertes Volkstum, mangelnde staatliche Kontrollierbarkeit durch unterstelltes Nomadentum, angedeutete Geheimsysteme und eine Sprache, die als Geheimsprache gebraucht werden kann und ebenfalls nicht reinrassig ist, machen dem von der Objektivität seines Lexikons überzeugten Leser klar, daß sich die Zigeuner kriminell verhalten und daher eine Gefahr für die Bevölkerung und besonders für den nationalsozialistischen Staat bilden. Das altbewährte Schema von der bolschewistischen oder der jüdischen Weltverschwörung schimmert auch hier im Hintergrund durch.

2. 4. Nahrung, Kleidung und Wohnverhältnisse

Daß die Zigeuner jedoch nicht nur kriminell, sondern auch als „asozial" zu gelten haben, zeigen die Darstellungen in den Bereichen Lebensumstände und Lebensunterhalt. In allen Lexika finden sich Aussagen über die Nahrung, die Kleidung und die Wohnverhältnisse der Zigeuner.

Besonders erschreckend sind die Ausführungen über die Eßgewohnheiten der Zigeuner, wie sie in Meyers Lexikon von 1930 dargestellt werden, die also bezeichnenderweise aus einer Zeit stammen, die angeblich noch nicht nationalsozialistisch geprägt war.[10] Dort schreibt der wie immer unbekannte Lexikograph:

„Die Nahrung ist spärlich, meist leben die Z. von Brot und Wasser. Der Igel ist das Nationalgericht, fettes Schweinefleisch lieben sie sehr,

Pferdefleisch verschmähen die englischen Z. Daß sie Menschenfleisch verzehren, ist ihnen oft nachgesagt worden, Einzelfälle sind bekannt. Branntwein und Tabak sind bei beiden Geschlechtern von Kind auf sehr beliebt." (M 1930).

Ich möchte an dieser Stelle nicht auf die innere Widersprüchlichkeit dieses Zitates eingehen, sondern möchte auf die Rangfolge der Aussagen aufmerksam machen. Könnte der Hinweis auf den Verzehr von Brot und Wasser noch Mitleid erregen, da eine solche Nahrung mehr als Indiz für Armut und Hunger gewertet werden muß, ist das Essen von Igeln bereits etwas Ungewöhnliches und dem Deutschen Fremdes. Die Information über das Verschmähen von Pferdefleisch wirkt ein wenig überraschend, unterstreicht jedoch nur, daß die Zigeuner in der Tat auch wählerisch sein können, und gewisse Vorlieben haben. Gerüchte über eine solche Vorliebe wie der Verzehr von Menschenfleisch im nächsten Satz werden zwar zuerst als Gerüchte relativiert, in der darauffolgenden Anmerkung jedoch umso deutlicher als belegte Tatsache unterstrichen.

Was hier suggeriert wird, geht weit über das Maß des bisher Gesagten hinaus. Nicht nur daß man mit der Aussage über den Kannibalismus die Zigeuner in die Reihe primitiver Urvölker stellt, man spricht implizit auch eine Warnung aus. Da Einzelfälle bekannt sind, stimmt die Aussage über den Kannibalismus, da es jedoch nur Einzelfälle sind und diese eben erst einmal nur nachgesagt werden, ist das Geheimnisvolle, Bedrohliche von oben wieder angesprochen. Der Leser weiß nun, daß er es nicht nur mit einem primitiven Volk zu tun hat, sondern auch, daß er sich vor diesem in Acht nehmen muß. Dies gilt umso mehr, da diese Untaten im Verborgenen ausgeübt werden und nur in Einzelfällen ans Tageslicht gelangen. In diesem Zusammenhang sei gleich auch auf eine Bemerkung des Brockhaus von 1935 hingewiesen, in dem zwar nicht der Verzehr von Menschenfleisch thematisiert wird, jedoch handlungstheoretisch in ähnlicher Weise wie im Meyers vor der Gefahr der Kindesentführung durch die Zigeuner gewarnt wird.

„Gewaltsame Entführung von Kindern der Gastländer kommt höchst selten vor." (BA 35).

Auch hier wird mit der Relativierung *höchst selten* nur präsupponiert, daß die Zigeuner Kinder entführen. Ich erinnere mich dabei an das Schreckgespenst des schwarzen Mannes, mit dem auch ich als Kind von meiner Großmutter in der Abenddämmerung nach Hause zurückgerufen wurde, oder an das Kinderspiel: Wer hat Angst vor dem schwarzen Mann?[11]

Der in Meyers Lexikon von 1930 unterstellte Kannibalismus mündete in der Aussage, daß Tabak und Branntwein bei beiden Geschlechtern von Kind auf beliebt sind. Als offensichtliche Tatsache wird also verzeichnet, daß Zigeuner rauchen und trinken. An dieser Stelle sei an eine allseits bekannte Phrase des Dritten Reiches erinnert, die da lautete: *„Eine deutsche Frau raucht nicht."* Bei den Zigeunern rauchen aber nicht nur die Frauen, auch die Kinder. Und nicht allein, daß sie dies tun, sie trinken auch gerne Branntwein. Ähnliches läßt sich auch im Brockhaus von 1935 lesen.

„Alkohol trinken sie gern." (B 1935).

Im selben Lexikon erfährt der Leser auch, daß der Zigeuner keinen geregelten Lebensrhythmus hat, denn:

„Hinsichtlich der Nahrung sind die Z. äußerst anspruchslos, sie essen, wann, wo und was sie an Eßbarem finden." (B 1935).

Der in den Lexika unterstellte Hang zur Asozialität kann nicht übersehen werden. Er zeigt sich im übrigen auch darin, daß man den Kinderreichtum der Zigeuner unterstreicht.

„Die Ehe schließen sie sehr rasch und in sehr frühem Alter, Ehebruch ist selten, Kinderreichtum groß." (M 1930).

Primitivität, Asozialität und Bedrohlichkeit sind wichtige Bestandteile des suggerierten Bildes. Fortgesetzt werden diese Zeichnungen bzw. diese Verzerrungen in den Beschreibungen über die Wohnverhältnisse:

„Die Wohnung ist ein Zelt, das sie stets in dem mit einem Pferd (...) bespannten Wagen mit sich führen, oder der Wagen selbst. Der seßhafte Z. lebt meist in einer armseligen Hütte aus Lehm und Zweigen oder in tiefen Löchern mit Strohdach." (M 1930).

„Wohnung. Die Mehrzahl der Z. lebt in Zelten, nur in West-, Mittel- und Nordeuropa kennt man neben dem Zelt den Wohnwagen. Die halbseßhaften Z. beziehen im Winter ihre baufälligen Behausungen am Rande der größeren Städte und ziehen mit dem Frühling wieder mit Pferd und Wagen ins Land. Wandern ist ihr eigentl. Leben." (B 1935).

Die zivilisierteste Wohnung, die man ihnen zugesteht, ist der Wohnwagen. Daß man bei den armseligen Behausungen, die hier aufgezählt werden, nicht auf die Idee kommt, etwa Mitleid für diese Menschen zu empfinden, die in Erdlöchern hausen müssen, verhindert die Aussage, daß das Wandern ihr eigentliches Leben ist. Mit dem Frühling ziehen die Z. ja wieder los und sind daher selbst schuld daran, daß sie in diesen in der unterschwelligen Bewertung der Lexikographen „asozialen" Verhältnissen leben.

Auch die Beschreibung der Kleidung unterstreicht das unterstellte Selbstverschulden.

„Ihre Kleidung besteht fast immer in Lumpen, doch kleiden sie sich gern, wenn sie es können, in prunkende auffallende Farben." (M 1930).

„Ihre Kleidung ist der des Wirtsvolkes angepaßt; die einst bunte Männertracht, die sie bei ihrem ersten Erscheinen in Europa trugen, war schon einem Wirtsvolk entlehnt. Heute haben nur noch die Zigeunerinnen eine Tracht; sie lieben grün und rot, auffallenden Schmuck (Goldmünzen), Pomp und Gepränge. Charakteristisch an der Zigeunerkleidung ist die Zersetztheit, sie tragen die Kleider, bis sie schließlich vom Leibe fallen." (B 1935).

Bunte Lumpen sind hier nicht etwa ein Indiz für Armut oder Not, sondern werden als besonderes Charakteristikum gewertet, das sich in der Implikation äußert: wenn die Zigeuner sich auffallenden Goldschmuck leisten können, dann könnten sie sich durchaus auch gesitteter kleiden. Da sie dies nicht tun, wollen sie es nicht anders.

Ihrem Wesen eigen sei es auch, daß sie sich nicht waschen:

„Körperpflege kennen sie so gut wie gar nicht, ein bestimmter Körpergeruch ist ihnen eigen, der das Wirtsvolk abhält, sich mit Zigeunerinnen ehelich zu verbinden, außerdem verbietet den Z. ihre strenge Sitte, sich mit Nichtzigeunern zu verheiraten." (B 1935).

Wurde ihnen von den einen (Herder) vorgeworfen, sich mit anderen Rassen zu vermischen, weswegen sie ja letztlich auch als Gefahr für das deutsche Volk gelten können und die Nürnberger Rassegesetze erlassen worden waren, wird in der letztgenannten Eintragung des Brockhaus von 1935 genau das Gegenteil festgestellt. Würde man diese Aussage ernst nehmen, könnte man argumentieren, daß die Zigeuner doch in doppelter Hinsicht ungefährlich für das Deutsche „Blut" sein müßten. Zum einen will sich ja sowieso kein anständiger Mensch mit ihnen einlassen, da sie es an Hygiene fehlen lassen, und zum anderen wollen sie es von sich aus gar nicht.

Was bei diesem Eintrag schlimmer wiegt, die vermeintlich fehlende Körperpflege oder die Tatsache, daß die strenge Sitte der Zigeuner den Kontakt verbietet, kann ich nicht beurteilen. Es scheint fast, als wäre das strenge Sittengesetz das eigentlich Verwerfliche. Denn hier machen sich die Widersprüche besonders bemerkbar. Auf der einen Seite wird die strenge Sittlichkeit, die unter der Obhut der Zigeunermutter steht, konstatiert und auf der anderen Seite wird deren vermeintliche Sittenlosigkeit angeprangert. Es muß wohl eine Frage der Weltanschauung sein, was man als gute Sitte und was man als Unsitte ansieht. Und so gelingt es den Lexikographen, auch die Sittenstrenge in ein schlechtes Licht zu stellen.

2. 5. Sitten und Gebräuche

„Die Z. leben in Häuptlingschaften. Der Häuptling wird gewählt. Er ist Richter, Priester und Vertreter des Stammes vor den Behörden in einer Person, er bestimmt auch die Wanderrichtung und weist jeder Familie oder Sippe einen ganz bestimmten Wanderbezirk zu. Neben ihm steht die stammesälteste Frau, die ›Zigeunermutter‹, die Hüterin der Stammessitte, deren Rat in strittigen Fällen befolgt wird." (B 1935).

„Sitte und Brauch wird von den Zigeunern streng eingehalten. Ehebruch wird bei den Wanderzigeunern bestraft, ein Femgericht verhängt die härteste Strafe, die den Z. treffen kann, den Ausschluß aus dem Stamm. Der Zigeuner fürchtet die Einsamkeit und liebt die Geselligkeit über alles. Bei einigen Stämmen herrscht noch Brautraub. Die Eheschließung wird vom Häuptling vorgenommen; man heiratet sehr früh. Bei Unfruchtbarkeit wird die junge Frau den Eltern zurückgeschickt. Blutrache ist häufig der Grund für die Zigeunerstreitigkeiten. Im Freien werden sie gewöhnlich geboren, im Freien sterben sie. Der Wagen muß mitsamt seinem Inhalt an Nichtzigeuner verkauft oder verbrannt werden, wenn der Tod einen Zigeuner im Wagen ereilt." (B 1935).

Positiv ausgedrückt wird erklärt, daß es bei den Zigeunern eine feste soziale Ordnung gibt, an deren Spitze der sogenannte Häuptling und die sogenannte Zigeunermutter stehen. Während der Häuptling demokratisch gewählt wird, ist *die Hüterin der Stammessitte* eine weise, erfahrene Frau, die durch ihr Alter gekennzeichnet ist. Beide haben getrennte Aufgabenbereiche. Die Pflichten, die der Häuptling hat, sind zum einen die Vertretung nach außen gegenüber den Behörden und die Aufrechterhaltung der Ordnung nach innen. Ich habe an dieser Stelle bewußt die Ausdrücke *Aufgaben, Pflichten* und *Ordnung* gebraucht. Sie verweisen auf das zum Stichwort *Weltanschauung* Gesagte. Dort war zu lesen:

„Das Fehlen einer tragenden Weltanschauung, einer einheitlichen Auffassung über Aufgaben, Pflichten und Ordnung des Einzelnen und des Ganzen hat die politische Schwäche des deutschen Volkes wesentlich verursacht." (BA IV).

Das, was die Lexikographen über die soziale Ordnung der Zigeuner aussagen, gemeinsam mit dem Hinweis darauf, daß die Sitten strikt eingehalten werden, steht in krassem Gegensatz zu der konstatierten Schwäche des deutschen Volkes. Doch versteht man hier unter Pflichten und Aufgaben, unter Ordnung und Sitte etwas völlig anderes als das, was von den Zigeunern so streng eingehalten wird. Zur Ordnung gehört es nun einmal, daß nicht irgendein Häuptling Ehen schließen kann, als Priester tätig ist oder das Richteramt ausübt. Öffentliche Ämter wie die Aufgaben der Standesämter, das Priesteramt oder mehr noch die Justiz unterliegen dem Gewaltmonopol des Staates und der staatlichen Ordnung. Ein Ausscheren aus dieser Ordnung ist bekanntlich strafbar. Selbstjustiz, die bis hin zur Blutrache gehen kann, muß staatlich kontrolliert und verboten werden. Wurde der Menschenraub bereits thematisiert, so taucht er mit dem Wort *Brautraub* wieder auf. Die Assoziationen zur Kindesentführung werden wieder wach, und die vermeintliche Ordnung bricht zusammen. Denn nun schließt sich der Kreis wieder. Es wird nicht deutlich, ob der Brautraub nur innerhalb der Gruppe üblich ist oder ob auch weibliche Mitglieder der Mehrheitsbevölkerung davon betroffen sind. Die vermeintlich strenge Sitte wird hier wieder zur Unsitte, wenn nicht sogar zur indizierten kriminellen Handlung.

Aber auch die Tatsache, daß eine Frau, die Zigeunermutter, die Hüterin der Sitte ist, kann von den Zeitgenossen nur mit Mißtrauen und Mißfallen angesehen werden. Wird doch die alte Zigeunerfrau auch häufig als *Hexe* betitelt und damit deutlich in das Negative gezogen. Der Aberglauben, den man den Zigeunern bei der Beschreibung ihrer Geburt und ihres Sterbens zugeschrieben hat und der sich in Aussagen über die Äußerlichkeit des Glaubens und der Wahrsagekunst, der rituellen Heilung manifestiert, vermischt sich hier mit dem Aberglauben und den Klischees der Lexikographen.

„Die Leichenbestattung ist einfach, bei Stammeshäuptlingen prunkvoll; vor den Abgeschiedenen haben sie abergläubische Furcht. Eine eigene Religion haben sie nicht, sondern schließen sich mit Leichtigkeit äußerlich jedem Bekenntnis ihrer Umgebung an." (M 1930).

Um den Aberglauben, ja sogar den Unglauben der Zigeuner zu beweisen, wird immer wieder auf das Argument der Äußerlichkeit des Glaubens hingewiesen. Das Hexenbild wird zwar nicht explizit genannt, jedoch in der Aussage über die mutterrechtliche Gesellschaftsordnung im Kontext von Mondverehrung und Krankheitsbeschwörung bewußt assoziiert.

„Die religiöse Haltung der Z. ist diesseitig eingestellt. Der Grundzug ihrer Religion ist magisch-rational. Stets führen sie das auf Sanscrit zurückgehende Wort ›o Del‹ für ›Gott‹ im Munde, der ›beng‹, der Unreine, spielt in ihren Glaubensvorstellungen eine große Rolle. Feen und Geister (Erd-, Wind-, Luftgeister) flößen ihnen Angst und Schrekken ein, sie fürchten die Nacht. Krankheitsdämonen werden unter Besprechungen oder Speichelmassage ausgetrieben. Gegen den ›bösen Blick‹ hilft ein kleines Tatauierfleckchen auf der Wange oder am Mundwinkel. Ein urtümlicher Rest einer Mondverehrung stimmt ganz zu ihrer versteckt mutterrechtl. Gesellschaftsordnung. Äußerlich nehmen sie den Glauben ihres Wirtsvolks an, innerlich bleiben sie ihm fremd." (B 1935).

„Obwohl überwiegend ihrem religiösen Bekenntnis nach, wenn auch nur äußerlich, Christen, bewahren sie zahlreiche alte heidn. Sitten u. Gebräuche. Auffallend ist die bevorrechtete Stellung der Stammesmütter, wohl ebenso Zeugnis mutterrechtlicher Anschauungen wie die Tatsache, daß der Mann bei der Heirat in den Stamm der Frau übertritt." (Herder 1935).

In einem Staat, der nicht nur auf patriarchalische Strukturen wie Heldentum und Kriegertum ausgerichtet ist, sondern selbst auch sehr viel Wert auf rituelle Handlungen legt, dessen erklärtes Ziel die absolute Gleichschaltung und damit die Kontrollierbarkeit aller Bürger ist, kann es nicht möglich sein, eine eigenständige auf anderen Mustern begründete Gemeinschaftsordnung zu dulden, besonders wenn diese im selben Moment als charakterlos, asozial und staatsgefährdend angesehen wird.[12] Ich erinnere hier an die obengenannten Voraussetzungen für die Inhaftierung in ein Konzentrationslager. An derselben Stelle war auch von nutzbringender Arbeit die Rede gewesen.

2. 6. Das Bestreiten des Lebensunterhaltes

Es stellt sich die Frage, wie ein Mensch mit einem solchen Auftreten zum Nutzen des nationalsozialistischen Gemeinwohls beiträgt, wie er sich überhaupt seinen Lebensunterhalt verdienen kann. Im Brockhaus von 1935 heißt es ironisierend:

„Wirtschaft. Die Z. sind Sammler. Im ›Finden‹, d. h. Stehlen sind sie äußerst geschickt, ehrlicher ernähren sie sich durch Bettel, Hausierhandel und Wahrsagen. Auf allen größeren Pferdemärkten sind sie als gerissene Pferdehändler und gute Pferdekenner gefürchtet und beliebt, durch Roßtausch und Geigenverkauf kommen sie manchmal zu größerem Reichtum. Im SO Europas leben sie mit den Wirtsvölkern wirtschaftlich friedlich zusammen, indem sie diese mit fast allen Haushaltungsgegenständen aus Holz, Horn, Eisen und Kupfer beliefern. Als Bärenführer kennt man sie in ganz Europa. In Ungarn und Rumänien beherrschen sie die musikalischen Darbietungen. Ihre Frauen verdienen durch ihre weltberühmte, aus Indien mitgebrachte Wahrsage- und Kartenlegekunst oft den Lebensunterhalt der ganzen Familie." (B 1935).

Es ist nicht meine Absicht an dieser Stelle, auf das Frauenbild der Nazizeit einzugehen, doch gehört es eben auch zum Inbegriff der Asozialität, daß die Zigeunerfrau nicht zu Hause am eigenen Herd die Kinder versorgt und dem Ehemann das warme Essen auf den Tisch stellt, wenn dieser am Abend nach ehrlicher Arbeit hungrig in die gute Stube tritt. Daß die Arbeit des Zigeunermannes nicht immer ehrlich sei, daß er auch gewandt und geschickt im Stehlen sei, gehört zu den Stereotypen fast aller Lexika in allen europäischen Ländern, im übrigen auch heute noch. Was allgemein als Stereotyp eines schlechten Arbeitsethos subsumiert werden kann, wird im Dritten Reich unter anderem so beschrieben:

„Die Z. sind gewandt im Betteln und Stehlen, die Frauen auch im Wahrsagen, die Mädchen im Tanzen, die Männer auch geschickte Schmiede, Kesselflicker, Drahtflechter, Holzschnitzer, Viehhändler." (M 1930).

Der rote Faden der Kriminalität, der bislang mehr versteckt als direkt artikuliert wurde, findet im Stereotyp des Stehlens seinen deutlichen Ausdruck. Das charakteristische Merkmal, die wahre Begabung der Zigeuner liegt also darin, andere Menschen zu beklauen. Im Brockhaus von 1938, in vielen Aussagen mit dem von 1935 identisch, wird neben dem Stehlen, dem wenig angesehenen fahrenden Handel und den ebenso gering geachteten genannten Berufen auch die Musik als ein Mittel angeführt, zum Lebensunterhalt beizutragen. Damit kommen wir zu Punkt 7, den kulturellen Leistungen der Zigeuner und deren Bewertung.

2. 7. Die kulturellen Leistungen der Sinti und Roma

„Die geistigen, besonders künstlerischen Anlagen sind nicht gering. Bedeutendes haben sie aber nur in der Musik geleistet, wo sie eine Reihe tüchtiger Meister aufweisen können. Nach Franz Liszt verdankt ihnen Ungarn seine Ton- und Tanzkunst. Das Lieblingsinstrument ist die Geige. Die Dichtungen der Z. sind, abgesehen von einigen spanischen wenig bedeutend." (M 1930).

Wer jedoch glaubt hat, daß diese romantisierende Darstellung der besonderen musischen Begabung der Zigeuner, wie sie noch in Meyers Lexikon zu finden ist, ein allgemein anerkanntes Positivum im Zigeunerbild darstellt, hat sich getäuscht. Im Brockhaus von 1935 und dem nachfolgenden von 1938 wird auch diese letzte Möglichkeit zur Sympathiebildung entlarvt. Selbst die Musik ist keine eigene schöpferische Leistung, sondern dem Volkstum eines Wirtsvolkes entnommen, wenn nicht sogar ebenfalls geklaut.

„Geistig sind die Z. äußerst rege, immer heiter und lustig. Singend, tanzend und spielend durchziehen sie aller Herren Länder. Durch die reisenden Zigeunerkapellen seit Mitte des 19. Jahrh. aus Ungarn und Rumänien hielt man Zigeunermusik für original. Neuerdings (Béla Bartók) hält man die Zigeunermusikanten nur für Interpreten und ausgezeichnete Vortragskünstler ungar. oder rumän. Volksmusik, die durch die Zigeunertonleiter, wilde Rhythmen, melodische Verzierungen einen zigeunerhaften Ausdruck erhält." (B 1935).

3. Resümee

In den Lexika wird unter Heranziehung vermeintlich ethnologischer und anthropologischer Informationen dem Leser ein Bild suggeriert, das die Mitglieder der Sinti und Roma generalisierend mit der Bezeichnung – *die Zigeuner* – als unsauber, unzuverlässig, unkontrollierbar, hinterhältig, verbrecherisch und daher ausgesprochen gefährlich darstellt. Die Bedrohlichkeit, die dem Zigeuner zugeschrieben wird, kann bis hin zu dessen angeblicher Bereitschaft gehen, andere Menschen zu töten, um sie zu verzehren. Von einem Leidensdruck durch Ausgrenzung und Diffamierung ist hier keine Rede. Nach Aussagen der Lexikonverfasser will der Zigeuner in Lumpen gehen, er will in Erdlöchern und Zelten hausen, und er will gar nicht in diese Gesellschaft aufgenommen werden.

Die Suggestivkraft der durch Sprache gezeichneten Bilder ist gerade deswegen so tragisch, weil es darin kaum Brüche gibt. Diese Bilder werden im übrigen auch durch tatsächliche Photographien, so im Brockhaus von 1935 untermauert, auf denen keineswegs Menschen dargestellt werden, die als angepaßte Staatsbürger für das Deutsche Reich in den ersten bzw. sogar noch in den zweiten Weltkrieg gezogen sind.[13] Alle genannten Stereotypen noch einmal aufgreifend und dem Leser wieder in das Bewußtsein rückend, lauten die Gesamtbewertungen durch den jeweiligen Lexikographen:

„Die Zigeuner fanden anfangs wohl überall gute Aufnahme, wurden aber infolge von Betrügereien und Diebstählen bald grausam verfolgt, ohne daß man sie auszurotten vermochte." (M 30).

„Eine eigentüml. Stellung nahmen die Z. im Mittelalter u. bis ins

16. Jahrh. ein; sie galten damals als relig. Pilger, erfreuten sich des besonderen Schutzes der Päpste u. wurden von den Städten u. der Landbevölkerung überall unterstützt. Die Führer der Z.stämme, die meist von hoher Geburt u. selbst nicht Z. waren, empfingen ihre Bestellung als Z. könige (-herzöge, -barone, -hauptleute u.a.) in den versch. europ. Ländern von der Krone od. der sonstigen Staatsgewalt. Die so geschützten u. meist schwer bewaffneten Z.banden wurden allmählich eine Landplage, so daß schließlich in den meisten Ländern ihre Ausweisung angeordnet, aber nur selten durchgeführt wurde." (Herder 1935).

„1702 erklärte sie Kaiser Leopold für vogelfrei. 1726 sollten auf Befehl Karls VI. alle Zigeunermänner hingerichtet, den Frauen und den Kindern unter 18 Jahren ein Ohr abgeschnitten werden. Doch weder blutige Verfolgungen noch wohlgemeinte Gesittungsbestrebungen seitens Maria Theresias,. u. a. [...] die durch Schenkung von Häusern, Land und Vieh sie fest ansiedeln wollten, haben das Wesen der Z. verändern oder ihre Zahl vermindern können. [...] Seit 1899 setzte im Deutschen Reich eine syst. Zigeunerbekämpfung ein, die durch gesetzl. Verordnungen deutsche Z. zur Seßhaftigkeit erziehen will. Seit 1906 besteht in Preußen eine Zigeunergesetzgebung, seit 1926 in Bayern das Arbeitsscheuengesetz, das mit rücksichtsloser Schärfe auch gegen die alteingesessenen Z. vorgeht. Die Zigeunerpolizeistelle in München ist zugleich Reichszentrale." (B 1935).

Viel braucht man nun nicht mehr hinzufügen. Die Tatsache, daß sich die Minderheit der Sinti und Roma in den Augen der Nationalsozialisten als unverbesserlich erwiesen haben, daß sie unter das Blutschutzgesetz von 1935 fallen, daß sie als arbeitsscheu dem Arbeitsscheuengesetz eingeordnet werden, daß eine systematische Zigeunerbekämpfung angestrebt wird, zu deren tatsächlicher systematischen Durchführung die oben erwähnte Einrichtung der Münchner Zigeunerpolizeistelle dienen sollte, geht aus den Lexikonartikeln hervor. Daraus geht aber auch hervor, welche Folgen eine solche Einordnung für die betroffenen Menschen hatte. Sie mußten nicht nur mit dem Verlust ihrer Arbeitsplätze, dem Ausschluß aus öffentlichen Einrichtungen und anderen sozialen Diskriminierungen rechnen, wie es in den Nürnberger Gesetzen gefordert und seither auch durchgeführt worden war. Ihnen stand darüber hinaus die Sterilisation bevor, die

Einweisung in Konzentrationslager und mit dem Verlust der Rechtsfähigkeit auch der Tod.

Alle diese Informationen findet man in den Lexika. Jeder gutbürgerliche Haushalt war stolz darauf, den Brockhaus, den Herder oder Meyers Lexikon zu besitzen. Jeder, der eines dieser Standardwerke besaß, konnte daher auch Bescheid wissen. Aber was heißt an dieser Stelle *Bescheid wissen*? Ist mit der Definition „Nachschlagewerk über alle Gebiete des Wissens" gemeint, daß man wissen soll, was man wissen muß bzw. was man glauben soll? Als Bedeutung 2 von *Wissen* steht im Brockhaus von 1938 (BA IV, 744):

„Die sichere Überzeugung von etwas auf Grund von Erfahrungen oder vernünftigem Denken." (BA IV, 744).

Aber wessen Erfahrungen sind hier angesprochen, wessen vernünftiges Denken ist gemeint? Oder ist Wissen, das, was unter Bedeutung 1 zu finden ist:

„1. Kenntnis; / das Bewußtsein von etwas; / ohne mein Wissen, ohne daß ich Ahnung davon hatte;/ meines Wissens, soviel ich weiß." (BA IV, 744).

Wissen ist wohl tatsächlich eine relative Angelegenheit, nämlich etwas, das ich in mein Bewußtsein aufnehme oder mich davor schütze, etwas, das ich wahrhaben kann, es aber nicht muß. Für die einen, die diese Zigeunerstereotypen gelesen haben und sich ihrer Folgen bewußt waren, bestätigte sich nur ihre nationalsozialistische Überzeugung von der Notwendigkeit, die Rasse rein zu erhalten, die Gefahr zu bekämpfen. Für diejenigen, die noch nicht überzeugt waren, gab dieser Unterricht in Rassen- und Gesellschaftskunde wohl den letzten Schliff. Die dritten wußten, daß sich eine Weigerung solche Diffamierungen zu glauben, für sie selbst nur negativ ausgewirkt hätte, und sie ebenso als charakterlos und staatsgefährdend eingeordnet worden wären. Viele jedoch behaupteten hinterher, daß all dies ohne ihr Wissen, ohne daß sie Ahnung davon gehabt hätten, geschehen sei.

Anmerkungen

1 Vgl.: Enzyklopädie des Holocaust. Die Verfolgung und Ermordung der europäischen Juden. Hrsg. von Israel Gutman. Deutsche Ausgabe hrsg. von: Eberhard Jäckel, Peter Longerich, Julius Schoeps. Band III. München Zürich 1991, 1634.
2 Schmitz-Berning, Cornelia, Vokabular des Nationalsozialismus. Berlin / New York 1998.
3 Dieser als Vortragstext konzipierte Artikel wurde bewußt in seiner sprechsprachlichen Form beibehalten. Diese Darstellungsweise ermöglicht eine direktere Kommunikation mit dem Leser und damit auch eine persönlichere Auseinandersetzung mit dem Thema.
4 Duden „Fremdwörterbuch", bearb. Von Wolfgang Müller unter Mitwirkung von Rudolf Köster und Marion Trunk et. Alii. 4., neu bearb. U. erw. Aufl. Mannheim/Wien/Zürich 1982, 449.
5 Zu den ideologischen Voraussetzungen und Motiven, nebst Darstellung des Gesamtzusammenhangs von Rassenideologie und der Ermordung von Behinderten, Juden und Zigeunern siehe Friedlander, Henry, Der Weg zum NS-Genozid. Von der Euthanasie zur Endlösung. Aus dem Amerikanischen von Johanna Friedman, Martin Richter und Barbara Schaden. Berlin 1997.
6 Ich verweise hierbei auf die entsprechenden Artikel in: Wulf Hund (Hrsg.): Zigeuner. Geschichte und Struktur einer rassistischen Konstruktion. Duisburg 1996.
7 Auch hier eine kleine Randbemerkung: Unter dem Stichwort *Minderheitenfrage* lassen sich im Brockhaus Allbuch keinerlei Aussagen finden über Minderheiten innerhalb des Reiches wie die Sinti und Roma, sondern das Anliegen der Lexikonautoren ist es an dieser Stelle, die ungerechte Behandlung volksdeutscher Minderheiten in anderen Staatsräumen anzuklagen und damit gleichzeitig zu begründen, warum das Deutsche Reich aus dem Völkerbund ausgetreten ist.
8 Siehe zu den einzelnen 'Rassekundlern' und deren Aufgabe der Zigeuneridentifikation u. a.: Friedlander 1997, 398 – 402; Heike Krokowski, Die „Rassenhygienische und Bevölkerungsbiologische Forschungsstelle„ im Reichsgesundheitsamt. Zur Bedeutung „wissenschaftlicher" Forschung bei der Verfolgung von Sinti und Roma während des Nationalsozialismus. In: Rassismus in Deutschland. Hrsg. KZ-Gedenkstätte Neuengamme. Beiträge zur Geschichte der nationalsozialistischen Verfolgung in Norddeutschland. Heft 1. Bremen 1994, 73-84; Katrin Reemtsma, Sinti und Roma. Geschichte, Kultur, Gegenwart. München 1996, 99-124; Michael Zimmermann, Verfolgt, vertrieben, vernichtet. Die nationalsozialistische Vernichtungspolitik gegen Sinti und Roma. Essen 1989; Zum Gesamtthema siehe Wulf D. Hund (Hrsg.), Zigeuner. Geschichte und Struktur einer rassistischen Konstruktion. Duisburg 1996; Michail Krausnick, Wo sind sie hingekommen? Der unterschlagene Völkermord an den Sinti und Roma. Gerlingen 1995.

9   Konnte man sich bei den Juden damit begnügen, einen Abstammungsnachweis zu fordern, so stellte sich bei den Sinti und Roma das Problem, daß diese weder durch Abstammung noch durch äußere Kennzeichen wie die angebliche dunkle Hautfarbe identifiziert werden konnten. Aus diesem Grunde mußten pseudowissenschaftliche anthropologische Untersuchungen herangezogen werden. Daß selbst Ritter auf diese Weise zu dem Ergebnis kam, daß 95 % der überprüften Personen Zigeunermischlinge waren, es demnach also keine reinrassigen Zigeuner gäbe, verwundert kaum und macht die Absurdität dieses Vorgehens umso offensichtlicher. Pointiert bedeutete ein solches Ergebnis, daß eine eindeutig nichtarische Abstammung der Zigeuner nicht nachgewiesen werden konnte und sie daher eigentlich nicht unter das Blutschutzgesetz hätten fallen dürfen. Dies mag auch der Grund dafür sein, daß man neben den rasseideologischen Begründungen für den Vernichtungsvorgang vorwiegend andere, nämlich weltanschaulich-gesellschaftspolitische Legitimatonen heranzog (s. Anm. 12). Daß im übrigen die rassekundlichen Ergebnisse Ritters auch innerhalb der SS angezweifelt wurden – aus welchen Motiven auch immer – bezeugt der Versuch Himmlers, 'reinrassige' Zigeuner, deren Nichtariertum nicht erwiesen war, von der Deportation in die Vernichtungslager auszusondern. Dazu schreibt Friedlander: „Es war offensichtlich eine von Himmlers Lieblingsideen, ein paar Zigeuner als lebende Museumsstücke in einem von ihm ausgesuchten und überwachten Reservat zu halten, und zwar diejenigen, die er als die repräsentativsten ihrer Art ansah." Friedlander 1997, 432.

10 Bei genauer Betrachtung aller Stereotypen wird deutlich, wie wenig Neues im Dritten Reich zur Diskriminierung hinzugefügt werden mußte. Die Nationalsozialisten konnten sich auf eine lange Tradition der Diskriminierung berufen. Sie mußten bei der Vernichtung von Sinti und Roma keineswegs erst neue Vorurteile errichten oder alte neu aufleben lassen, wie dies bei der Ausgrenzung der Juden in vielen Fällen notwendig war. Der Teufelskreis der Diskriminierung war bereits vor den Nationalsozialisten geschlossen. Und gerade weil dies so war, fiel es diesen besonders leicht auch in der Bevölkerung rege Unterstützung zu finden. Umgekehrt heißt dies, daß die bestehende Diskriminierung eine neue, weitaus gefährlichere Diskriminierung erst möglich gemacht hat. Während bei der Vernichtung von Behinderten inländische Proteste, bei der Ausgrenzung und dem sich anschließenden Genozid der Juden heftiger Protest des Auslandes erfolgten, fand sich im Falle der Sinti und Roma bezeichnenderweise niemand, der moralisch oder politisch in der Öffentlichkeit für diese Minderheit eintrat. Daß sich dies auch nach dem Dritten Reich fortsetzte, soll an dieser Stelle nur noch angemerkt werden. Vgl. dazu die betreffenden Artikel in diesem Band, aber auch in Hund 1996 (s. o.).

11 Der Ausdruck „schwarzer Mann" ist nichts anderes als eine weitere abwertende Bezeichnung für Zigeuner.

12 So schreibt Paul Werner, der Stellvertreter Arthur Nebes im Reichspolizeiamt 1939 in einem Brief an die DFG betreffend eines Antrags Ritters auf

Förderung: „Als vordringlicher Teilabschnitt des Gesamtsozialenproblems steht im Augenblick das Zigeunerproblem im Vordergrund, das zwar in der Hauptsache ein Rasseproblem, in seiner praktischen Auswirkung zum größten Teil aber ein Asozialenproblem ist." Zitiert nach Friedlander 1997, 402.

13 Siehe hierzu: Der nationalsozialistische Völkermord an den Sinti und Roma. Hrsg. von Romani Rose. 2., überarbeitete und ergänzte Auflage 1995. (Herausgeber der Schriftenreihe: Dokumentations- und Kulturzentrum Deutscher Sinti und Roma).

Bilder vom „Zigeuner" in rechtssprachlichen Quellen und ihre Darstellung im *Deutschen Rechtswörterbuch*

Ulrich Kronauer

Das Deutsche Rechtswörterbuch ist das „Wörterbuch der älteren deutschen Rechtssprache". Vor ziemlich genau einhundert Jahren, 1896/97, von der damaligen Königlich Preußischen Akademie der Wissenschaften in Berlin begründet, wurde es von Anfang an in Heidelberg geschrieben. In den fünfziger Jahren hat die Heidelberger Akademie der Wissenschaften das monumentale Werk übernommen. Aus insgesamt 2,2 Millionen Archivzetteln wurden bisher neun Bände erarbeitet, insgesamt sind sechzehn Bände geplant. Im Moment (Frühjahr 1998) wird in der Forschungsstelle „Deutsches Rechtswörterbuch" die P-Strecke geschrieben.[1] Bis der Buchstabe „Z" und damit auch das Stichwort „Zigeuner" bearbeitet werden können, wird also noch geraume Zeit vergehen. Wahrscheinlich wird man, etwa um das Jahr 2030 herum, im sechzehnten Band den Artikel „Zigeuner" finden.

Im Folgenden wird es also nicht darum gehen, einen Wörterbuchartikel zu beurteilen, den es schon gibt, sondern darum, zu überlegen, wie man einen solchen Artikel schreiben könnte, und zwar unter den Voraussetzungen, die beim Deutschen Rechtswörterbuch gegeben sind. Dieses Wörterbuch enthält keine Sachartikel, wie etwa das Handwörterbuch zur Deutschen Rechtsgeschichte,[2] sondern es stellt die Geschichte eines Rechtswortes oder auch eines Wortes mit deutlich erkennbaren rechtlichen Bezügen dar, indem es in chronologischer Reihenfolge möglichst viele und sprechende Quellenbelege zu diesem Wort ausbreitet, nicht ohne eine knappe, prägnante Erklärung voranzustellen. In den Fällen, in denen ein Artikel untergliedert wird, werden selbstverständlich auch den Untergliederungen Erklärungen vorangestellt. Ein Artikel im Deutschen Rechtswörterbuch ähnelt in seiner Gestalt am ehesten einem solchen aus dem Deutschen Wörterbuch der Brüder Grimm.[3] Als eine Ergänzung zu diesem Wörterbuch war das Deutsche Rechtswörterbuch ursprünglich gedacht.

Die Basis für die Gestaltung der Wörterbuchartikel bildet das bereits erwähnte, alphabetisch geordnete, umfangreiche Archiv. Die dort gesammelten Archivzettel enthalten in erster Linie Hinweise auf Quellenbelege eines Wortes, aber auch auf Sekundärliteratur. Zu den etwa 8000 Quellen des „Deutschen Rechtswörterbuchs" gehören nicht nur Rechtstexte im engeren Sinne, sondern z.B. auch Chroniken, literarische, religiöse und philosophische Texte oder allgemein kulturhistorische Schriften, sofern sie einen Bezug zur Sphäre des Rechts haben. Unter dem Stichwort „Zigeuner" finden sich 60 Zettel. Dies ist eine relativ geringe Zahl, wenn man bedenkt, daß es inzwischen eine umfangreiche Literatur zum Thema mit einer Fülle von Quellenzitaten gibt.[4] Dabei ist aber dreierlei zu berücksichtigen: Als Wörterbuch der älteren deutschen Rechtssprache hat das Deutsche Rechtswörterbuch nur Quellen bis zum Anfang des 19. Jahrhunderts ausgewertet. Der Artikel „Zigeuner" wird voraussichtlich mit einem Quellenzitat von 1805 enden. Weiterhin hat man über einen langen Zeitraum ins Deutsche Rechtswörterbuch keine Fremdwörter aufgenommen. Das Wort „Zigeuner" wurde also von den Exzerptoren nicht immer berücksichtigt. Und schließlich hat sich das Interesse an der Geschichte der Sinti und Roma in Deutschland vor allem in den letzten Jahren in einer Fülle von umfangreichen Studien niedergeschlagen. Gerade in jüngerer Zeit wurde aber unter dem Gebot der zügigen Produktion im Deutschen Rechtswörterbuch nur noch sehr zurückhaltend exzerpiert. Die Einführung und Weiterentwicklung der EDV hat es andererseits aber auch mit sich gebracht, daß in der Datenbank des Deutschen Rechtswörterbuchs zusätzliche Recherchen zu den jeweiligen Begriffen angestellt werden können.

Dieser Blick in die Werkstatt kann ein grundsätzliches Dilemma des Lexikographen verdeutlichen: Er steht unter Zeitdruck und muß sich in erster Linie auf das ihm vorliegende Material stützen. Nur in den seltensten Fällen und aus besonderem Anlaß hat er die Muße, sich im Rahmen seiner Dienstverpflichtungen eingehender mit einem Thema zu beschäftigen. Dennoch reichen in der Regel lexikographische Bildung, Zeit und Material aus, um die Geschichte eines Rechtswortes adäquat darzustellen, zumal die ausgewählten Quellenzitate für sich sprechen und den Gegenstand plastisch hervortreten lassen. Im Falle eines für das Deutsche Rechtswörterbuch zu schreibenden

Artikels „Zigeuner" gelten aber besondere, vielleicht sogar einzigartige Bedingungen. Diese Bedingungen erfordern besondere Umsicht und gesteigerte Aufmerksamkeit. Es genügt nicht, das gesammelte Quellenmaterial vorzustellen und von seinem Inhalt aus das Stichwort „Zigeuner" zu charakterisieren.

Zum Vergleich sei ein Rechtswörterbuch des 18. Jahrhunderts herangezogen. Im „Juristischen Hand-Buch" Georg Stephan Wiesands von 1762, in dem die „Teutschen Rechte sowohl der alten als neueren Zeiten aus ihren Quellen hergeleitet" werden, wird dem Quellenzitat zum Artikel „Zigeuner" folgende Erklärung vorangestellt:

„Zigeuner ... werden in denen Gesetzen Verräther, Ausspänner und verbannete Leute genennet, die nirgends einige Sicherheit oder Schutz finden, nirgends aber geduldet werden sollen".[5]

Es folgt ein ausführliches Zitat aus der Reichspolizeiordnung zu Augsburg vom Jahr 1548, in der es heißt, man habe „glaublich anzeyg ... das sie erfarer, verrether, unnd ausspeher sein, und die Christen Landt, dem Türcken, und andern der Christenheyt Feinden verkundschafften." Wiesand stellt im Anschluß fest: „Hiermit stimmen alle Verordnungen in Teutschland überein", und er verweist auf die Schleswig-Holsteinische Landgerichtsordnung, die Tiroler Landordnung, auf bairische, pfälzische und chursächsische Ordnungen. Wiesands Ausführungen sind insofern korrekt, als sie nur das wiedergeben, was tatsächlich aus den Gesetzen hervorgeht. Im Vergleich mit dem umfangreichen, überaus polemischen Artikel „Ziegeuner" in Zedlers Universallexikon im Band 62 von 1749[6] kann man Wiesands Artikel nachgerade als ‚sachlich' bezeichnen, auch wenn seiner Erklärung ein aus heutiger Sicht unhaltbarer Verdacht den Zigeunern gegenüber zugrundeliegt. Schon deshalb dürfte man ihn so in einem Rechtswörterbuch heute nicht mehr schreiben.

Das Problem, mit dem ,sachliche' Darstellungen des Bildes, das die Quellen von den Zigeunern geben, heute konfrontiert sind, kann der Artikel „Zigeuner" im Deutschen Wörterbuch verdeutlichen, der siebeneinhalb Spalten umfaßt.[7] Der rechtliche Aspekt wird im vierten Hauptpunkt behandelt. Die Belege stammen, mit Ausnahme eines Gottsched-Zitats, aus österreichischen und bairischen Weistümern. Die Erklärung lautet:

„die anfängliche duldsamkeit gegen die Zigeunerhorden wich bald der abweisung; eine anzahl belege aus dem 17. und folgenden jahrh. seien als zeugnis behördlicher masznahmen gegen sie angeführt".

Der Begriff „Zigeunerhorde" hat heute einen negativen Beiklang. Im Deutschen Wörterbuch wird er erklärt mit „umherziehende Zigeunerschar". Dies klingt unverfänglich. Neben literarischen Belegen findet sich aber auch folgendes Zitat aus dem zweiten Teil von Avé-Lallemants Buch „Das deutsche Gaunerthum" von 1858:

„bis zur mitte des 19. jahrhunderts (hat) mit ausschlusz der frei umherziehenden Zigeunerhorden, weit über eine million professionirter gauner in Deutschland existirt."[8]

Bei der zitierten Erklärung aus dem Artikel „Zigeuner" klingt in den „Zigeunerhorden" der Bezug zum Gaunertum an und die „anfängliche Duldsamkeit" erscheint als Nachsicht gegenüber einem von vornehrein kritikwürdigen Verhalten der Zigeuner. Immer dann, wenn man versucht, in den Erklärungen nur den Geist bestimmter Rechtsquellen wiederzugeben, die sich auf Zigeuner beziehen, schleicht sich ein polemischer Unterton ein, der, spätestens nach den Erfahrungen des „Dritten Reichs", unbedingt hätte vermieden werden müssen. Auch im Deutschen Rechtswörterbuch erweist sich bei der Behandlung einer im Hitlerdeutschland, und nicht erst dort, verfolgten Minderheit die vermeintliche Objektivität als problematisch, wird nachgerade zur Falle. Sicherlich hat man den Artikel „Jude" mit der geschärften Aufmerksamkeit konzipiert, die oben erwähnt wurde. Er umfaßt dreizehneinhalb Spalten und steht im sechsten Band des Deutschen Rechtswörterbuchs, dessen Hefte von 1961 bis 1972 erschienen sind. Die Erklärungen zu den einzelnen Haupt- und Nebengliederungspunkten sind knapp gehalten und beschreiben, mit einer Ausnahme, rechtsrelevante Fakten aus der Geschichte der Juden in Deutschland. Diese Ausnahme findet sich im dritten Hauptgliederungspunkt: „im Strafrecht" als fünfter Unterpunkt: „Kindesentführung durch Juden u. Ritualmord". Die beiden angeführten, drastischen Belege handeln von der Möglichkeit bzw. dem Verdacht, Juden würden Christenkinder entführen, töten und ihr Blut für rituelle Zwecke verwenden. Hier wechselt der Lexikonartikel unversehens und ohne dies kenntlich zu machen von der Ebene, auf der Sachverhalte beschrieben werden, die tatsächlich in der Rechtswelt vorgekommen sind oder die sich hätten ereignen können, auf die Ebene des Aberglaubens und der böswilligen Verdächtigungen. Selbstverständlich gab es das Gerücht vom Ritualmord, mit schrecklichen Folgen für die Juden. Der Lexikonartikel hätte aber doch zum Ausdruck bringen müssen, daß es sich eben nicht um ein Faktum, sondern um ein „Judenbild" handelt.

Wenn die der Abfassung eines Artikels „Zigeuner" im Deutschen Rechtswörterbuch zugrundeliegenden Bedingungen oben als ‚einzigartig' beschrieben wurden, dann deshalb, weil sich kein gleichgelagerter Fall finden läßt. Am ehesten kommt der bereits erwähnte Artikel „Jude" in Betracht, zumal in den Rechtsquellen Juden und Zigeuner bisweilen nebeneinander gestellt werden. Aber während dieser Artikel mit Gliederungspunkten beginnt, die Rechte wie „Landfriedensschutz", „Geleit", „Bürgerrecht" verzeichnen und damit zu erkennen geben, daß die vorwiegend diskriminierte Minderheit der Juden dennoch bis zu einem gewissen Grad in ihrer christlichen Umgebung rechtlichen Schutz genoß, geht es bei Bestimmungen zu den „Zigeunern" in erster Linie darum, ihnen diesen Schutz abzusprechen. Und während der Artikel „Jude" auch Informationen liefert über „Einrichtungen im Rahmen der jüdischen Selbstverwaltung, Gericht und sonstige Berechtigungen", findet man hierüber in Rechtsquellen zur Geschichte der Zigeuner in Deutschland so gut wie nichts. Die wenigen Informationen, die es vor dem 18. Jahrhundert gibt, leiten sich vom Hörensagen her oder von über die Jahrhunderte tradierten, keineswegs durch den Augenschein o. ä. überprüften ‚Zigeunerbildern'.[9] Wie die „Zigeuner" genannten Menschen miteinander leben, was sie von sich und ihrer Umwelt denken, welches Rechtsempfinden sie haben, bleibt weitgehend unbekannt. Dieser Mangel an Information hindert diejenigen, die über die Zigeuner urteilen, die Verordnungen erlassen und die gegen die Zigeuner vorgehen, keineswegs, sich an einem bestimmten Bild von „dem Zigeuner" zu orientieren. Dieses Bild kann sich sogar von der Menschengruppe, die am Anfang des 15. Jahrhunderts auf dem Gebiet des Deutschen Reichs aufgetreten ist und die schon bald danach andauernden Verfolgungen ausgesetzt war, ablösen. Ein Beispiel dafür findet sich in dem bereits erwähnten Artikel „Ziegeuner" in Zedlers Universal-Lexikon von 1749:

„[...] heut zu Tage ist mehr als zu bekannt, daß diese Ziegeuner nichts anders seyn, denn ein zusammen gelauffenes böses Gesindel, so nicht Lust zu arbeiten hat, sondern von Müßiggang, Stehlen, Huren, Fressen, Sauffen, Spielen u. s. w. Profeßion machen will. Es finden sich hierbey abgedanckte und desertirte Soldaten, liederliche Bedienten und Handwercks-Pursche, die ihren Herren und Meistern nicht wollen gut thun, ungerathene Söhne, die ihren Eltern entlauffen, solche Weibes-Vetteln, die den Staupenschlag erhalten, und sich sonst weder durch Kuppeln noch Huren etwas mehr verdienen können."[10]

Der Artikelschreiber gerät hier in einen Widerspruch mit seinen eigenen Ausführungen. Denn drei Spalten zuvor hatte er noch geschrieben:

„Einige wollen die Ueberbleibsel der Zigeuner nur für einen zusammen gelauffenen Haufen von Dieben, Mördern, Spitzbuben und andern losen Gesindel halten, die sich nach dem Abzug der Zigeuner zusammen rottiret, und für Zigeuner ausgegeben. Nun ist nicht zu leugnen, daß sich allerhand loses Gesindel zu ihnen mag gesellet haben, welches sie auch willig aufnahmen, und ihnen die schwartze Farbe durch allerhand Schmiereyen zu geben wusten, damit sie nicht mögten erkannt werden. [...] Bey dem allen aber ist doch ausser Zweifel, daß viele würckliche Zigeuner im Lande geblieben, zu welchen sich allerhand ruchloses Volck geschlagen hat."[11]

Der offensichtliche Widerspruch zwischen der Aussage, die Zigeuner seien nur ein „zusammen gelauffenes böses Gesindel" und der vorher gemachten Äußerung, es gäbe durchaus noch „würckliche Zigeuner", zu denen sich „ruchloses Volck geschlagen" habe, mag dem Artikelschreiber unterlaufen sein, ohne daß er ihn bemerkt hat. Es ist wohl nicht anzunehmen, er meine, es gebe nur noch ‚Zigeunerdarsteller', ‚ruchloses Gesindel', das sich das Gesicht schwärzt und eine eigene „Mund-Art" unter sich ausmacht, „damit sie desto fremder scheinen, und einander dasjenige, was zu Beförderung ihrer Absichten dienlich, communiciren können". Die widersprüchlichen Formulierungen lassen aber eine Unsicherheit des Autors erkennen in dem, was er sagen will. Letztlich geht es dem Artikelschreiber wohl darum, das schlechthin Verwerfliche, in seiner Gesellschaft Untragbare, diese Gesellschaft in ihrer Substanz Gefährdende zu kennzeichnen und nennt dies „Zigeuner". Dabei ist es dann garnicht mehr so wichtig, ob dieses Verwerfliche, vielleicht in Form von anthropologischen Konstanten, einem Volk zuzusprechen ist, das seit seinem Auftreten in Deutschland ‚die Zigeuner' genannt wird, oder ob ein ‚zusammengelaufenes

Gesindel', das das Verwerfliche verkörpert, den Anschein erweckt, Zigeuner zu sein.[12] Schon 1590 ist übrigens im fränkischen Recht von einem Gesindel die Rede, „so sich ziegeuner nennen und dafür ausgeben".[13]

Unklarheit verbindet sich mit den „Zigeunern" seit ihrem ersten Auftreten in Deutschland. Es umgibt sie eine Aura des Fremden, Geheimnisvollen, Abstossenden, Beunruhigenden. In einem Bericht aus der Mitte des 15. Jahrhunderts, der sogenannten Rufus-Chronik, wird über den ersten Auftritt eines Volkes, das aus Tartarien kam, berichtet:

„To der sulven tiid [1417] wanderde dorch de land en vromet hupe volkes; desse quemen uthe Tartarien; se weren swart unde eyslik unde hadden myt sik wyve unde kyndere. se toghen dorch de stede unde leghen in deme velde, wente me wolde se in den steden nicht liden umme dat se sere stelen; erer was by 400 unde nomeden sik de Secanen. se hadden under sik vorsten, also enen greven unde enen hartighen; dar worden se van gherichtet, wan se mysdeden. de vorsten der lande hadden en leydebreve gegheven, dat se velich togen, wor se wolden. etlike van en reden; men de meste hupe ghink to vothe. de sake, wor se aldus umme weterden van deme enen lande to deme anderen, was, also men sede, dat se weren van deme loven treden wedder to der heydenschop, unde dar umme was en dat ghesad vor ere penitencien unde scholden dat holden 7 jar."

Sie waren schwarz und „eyslik". Das mittelniederdeutsche Wort „eyslik" bedeutet: „häßlich, garstig, ungestalt von Aussehen und Wesen, Furcht, Grauen erregend; ‚informis'".[14] Diese Furcht vor den sonderbaren Fremden begleitet die Zigeuner über viele Jahrhunderte. In dem Bericht der Rufus-Chronik sind zum Teil widersprüchliche, zum Teil auf Hörensagen beruhende Informationen enthalten. Sie sollen aus „Tartarien" stammen; in einer lateinischen Vorlage heißt es allgemeiner „de orientalibus partibus", ihr Herumirren wird als Strafe für den Abfall vom rechten Glauben gedeutet. Widersprüchlich, oder zumindest nicht ganz plausibel sind die Behauptungen, daß die Zigeuner einerseits von ihren Fürsten gerichtet würden, wenn sie sich etwas zuschulden kommen ließen, andererseits aber wegen ihres notorischen Stehlens nicht in den Städten geduldet würden. Hatten die Fürsten keinen Einfluß auf das Verhalten ihrer Leute, konnten sie das

Stehlen nicht unterbinden, oder wurde dieses Stehlen, zumindest sofern es nicht die Angehörigen des eigenen Volkes betraf, nicht als strafbar erachtet?

Auch wenn der „Secanen" genannte „fremde Haufen Volkes" zunächst noch mit Geleitbriefen der jeweiligen Landesherren versehen wurde, was eine Tolerierung zumindest in einem bestimmten Rahmen signalisiert, sind schon am Ende des 15. Jahrhunderts die Bestimmungen eindeutig ablehnend und abweisend. So heißt es in einem Reichsabschied von 1497:

„derjhenen halben, so sich zigeüner nennen, vnd wider vnd für in die land ziehen ... ist geratslagt, nachdem man anzeig hat, daß dieselben erfarer, ausspeher vnd verkuntschaffter der cristen land sein, daß man denselben hinfüro in die land zu ziehen nit gestatten noch leiden soll."

Nun wird also auch schon das Stereotyp amtlich reproduziert, die Zigeuner seien Spione und spähten die christlichen Länder aus und zwar in der Regel für die Türken.[15] Obwohl die Zigeuner ihre Kinder taufen ließen und die Patenschaft adliger Herrschaften erbaten und oft auch erhielten, werden sie in den Rechtsquellen häufig als „Heiden" bezeichnet. Die Formulierung des Reichsabschieds, sie ‚nennten' sich Zigeuner, deutet wieder auf das Dubiose, Unklare des Phänomens. Generell gilt, und so kommt es in einer Überschrift aus der Bairischen Landordnung von 1553 zum Ausdruck, die Zigeuner seien „unbekannte, argwöhnische (d.h. verdächtige) Leute". Daß sie sich mit „wahrsagen und dergleichen fantaseyen" beschäftigen, wie es für 1577 in den Württembergischen Ländlichen Rechtsquellen heißt, macht die Sache nicht besser, führt vielmehr erst recht dazu, daß sie „in der herschaft nit gedult ... werden sollen". In einer Verordnung von 1587 aus Oberösterreich werden sie zusammen mit den Widertäufern als Sekte bezeichnet, die man nicht beherbergen und für deren Zusammenkünfte man keinen Raum in seinem Haus zur Verfügung stellen dürfe. In einer Basler Verordnung von 1637 heißt es drastisch:

„wöllen wir die ... anstalt machen, daß diejenigen, welche solchen wahrsageren, teufelsbeschweereren und sägneren, wie auch den heiden oder zygineren ... nachlaufen ... als faule nichtswärtige glider von der christlichen kirchen und gemeind abgeschnitten ... werden sollen".

Wenn man den Negativgehalt dieser Aussage positiv wendet, erkennt man, daß die Welt und die Künste der Menschen, die Zigeuner genannt wurden, auf die anderen durchaus eine gewisse Anziehungskraft ausübten. Ebenso kann man aus der Häufigkeit der Verbote, Zigeuner zu beherbergen, schließen, daß diese Menschen keineswegs von der Bevölkerung durchgängig nur abgelehnt wurden.

In den offiziellen, obrigkeitlichen Verlautbarungen allerdings hält sich die Ablehnung der Zigeuner durch, wobei die Unsicherheit darüber, wie diese Menschen eigentlich leben, ein verschärftes Vorgehen eher noch begründet. Gewiß scheint nur, daß es Heiden sind. Hierzu ein Beispiel aus Hessen von 1656:

„demnach auch hin vnd wieder in den landen leute herumb streichen, so sich heyden oder zygeuner nennen, vnd mit gottlosen ärgerlichen dingen vmbgehen, nemlich mit zauberey, warsagerey, dieberey vnd allerley betrüglichen stücken, weßwegen sie auch bey wolbestelten regimentern im christenthumb vnd vnter den rechtgläubigen keines weges zu hegen, sintemal sie auch den christlichen glauben nicht verstehen noch demselben zugethan seyn, vnd man weder von ihrer geburt noch aufferziehung, leben oder wandel, vielweniger von ihrem ehestande einige gewisse nachricht haben kan, sie auch offenbarlich vnd vngescheuet ihre böse stücke, so dem christenthumb allerdings zuwider seyn, treiben, vnd davon nicht abstehen, weßwegen auch christliche obrigkeiten sie nicht zu dulden, sondern wo sie sich angeben, so bald fort vnd hinweg zu weisen hin vnd wieder angeordnet haben".

Man könnte erwarten, daß sich der Ton, in dem die Verordnungen, aber auch die Berichte in Chroniken u.ä. gehalten sind, im Verlauf der Zeit, gewissermaßen im „Prozeß der Zivilisation",[16] mäßigt oder versachlicht. Daß dem keineswegs so ist, hat bereits der Artikel aus Zedlers Universallexikon gezeigt und ließe sich mit vielen Beispielen aus dem 18. Jahrhundert, das ja als das Zeitalter der Aufklärung und Vernunft bezeichnet wird, belegen. Hier seien nur zwei, in besonders rabiatem Ton gehaltene Beispiele angeführt. Das erste Beispiel stammt aus dem Anfang des 18. Jahrhunderts. Berichtet wird über „Zigeuner-Begebenheiten auf dem Gebiete des ehem. Klosters Schussenried".

„Den 7. Novemb. 1705 hielten die schwäbischen Reichsständ mit Zuzug der Landvogtey wegen dem Zügeinergeschmaiß eine Conferenz, und wurde beschlossen, das jeder Hoch- und Löbliche Stand auf jeden Aufbott die angewiesene wöhrhaffte Männer zum straiffen hergeben solle; Schussenried betraffe es allezeit 12 Mann, und auff einen Mann wurden des tags 20 kr. auß der Cassa bezahlt. Die gefangene Zügainer oder dero Weib und Kinder müessten receßmäßig auf Memmingen geführt werden; diejenige von disem schwarzen Gesindel, welche sich widersetzten, mußten auff der Stell nider gestochen oder nidergesäblet werden, weilen durch das schießen ihnen nit vil abzugewünnen wäre: sie giengen nie weniger dann 20 oder 30 mit einander, und wo sie in ein Dorff oder Weiler kamen, spihlten sie den Meister, triben nebst anderen Lastern auch öffentliche Abgötterey, waren mithin feuermäßig (d. h. der Feuerstrafe verfallen), doch wäre es schad umb so vil Holz geweßt. Wann mann sie gegen einem Dorff anruckhen sahe, wurde alsobald sturm geschlagen, und also orth zu orth. Auff dise Weiß wurde das Schwabenland in kurzer Zeit von diesen gottlosesten Raubern gesäubert."[17]

Diese Schilderung erinnert an das Szenario eines mit Monstren bevölkerten modernen Horrorfilms. Merkwürdige, Abscheu erregende Wesen terrorisieren wie auch immer ein Gemeinwesen, in dem unbescholtene Bürger leben. „Geschmeiß" bedeutet ursprünglich „Unrat" und wird dann, so das Deutsche Wörterbuch, „verächtlich von unnützen oder schädlichen personen" gesagt, „noch verächtlicher als ‚gesindel, pack'".[18] Es ist aber keine überlegene, herablassende Verächtlichkeit, mit der hier über die Zigeuner gesprochen wird, sondern eine überaus erregte, ja hysterische Verächtlichkeit. Es sind die „gottlosesten" Räuber – ein selten gehörter Superlativ – die da anrücken und derentwegen die Sturmglocken geläutet werden.

Es ist nicht ganz ersichtlich, wie sich die Ereignisebenen zueinander verhalten. Wahrscheinlich soll den Anstoß zu dem Ganzen das verwerfliche Verhalten der Zigeuner gegeben haben, die, insgesamt 20 oder 30 Personen, in einem Dorf oder Weiler einfallen und dort ‚den Meister spielen', gewissermaßen die Herrschaft an sich reißen. Vielleicht heißt ‚den Meister spielen' aber auch nur, daß die Zigeuner, die in den Quellen häufig als „herrenloses Gesindel" bezeichnet werden, selbst Herren sein und sich keiner Obrigkeit unterordnen wollen (es sei denn einer solchen, die aus ihrem eigenen Volk stammt). Möglicherweise klingt auch das Stereotyp an, die Zigeuner seien notorische Müßiggänger und würden sich der Eingliederung in ein geregeltes Arbeitsleben entziehen. Dieser vermeintliche fundamentale Impuls gegen die bestehenden Normen und die die bürgerliche Gesellschaft konstituierenden Verhaltensmuster macht gerade im 18. Jahrhundert nicht zuletzt das Bedrohliche der Existenz dieser Menschen, die Zigeuner genannt wurden, aus.

Vor allem der Vorwurf der „öffentlichen Abgötterei" scheint das Urteil zu rechtfertigen, die Zigeuner seien „feuermäßig". Dabei ist, auch dies sind nur Vermutungen, an die Wahrsagerei der Zigeuner zu denken und an andere magische Praktiken. Wegen solcher Vergehen sind aber Zigeuner oder Zigeunerinnen selten verbrannt worden, zumal nicht im 18. Jahrhundert. Andrerseits ist daran zu erinnern, daß bis weit ins 18. Jahrhundert Hexenprozesse stattgefunden haben. Ganz so ernst scheint es mit dem Brennen der Zigeuner dann doch nicht gemeint, weil es, wie es zynisch heißt, schade um so viel Holz gewesen sei.

Die zweite Ereignisebene ist dann offensichtlich die, daß nun in Reaktion auf das Verhalten der Zigeuner ein Aufgebot zusammengestellt wird, um die Zigeuner gefangenzunehmen und nach Memmingen zu verbringen. Sofern sich das „schwarze", unheimliche „Gesindel" bei der Gefangennahme zur Wehr setzt, soll es niedergestochen oder niedergesäbelt werden, weil ‚durch das Schießen ihnen nicht viel abzugewinnen wäre'. Noch am Anfang des 18. Jahrhunderts begegnet man also der Vorstellung, die Zigeuner seien gegen Gewehr- oder Pistolenkugeln gefeit. Auch hier wieder drängt sich der Vergleich mit Horrorfilmen auf, in denen die Monstren auf eine bestimmte Art nicht getötet werden können. Während aber der Horrorfilm mit verborgenen Ängsten des Zuschauers spielt, die nur in der Ausnahmesituation des Kinobesuchs ausgelebt werden dürfen, liegen in unserem Bericht diese Ängste offen zutage und werden entsprechend ausgetragen. Auf der dritten Ereignisebene werden schließlich die Vorkehrungen beschrieben, die dazu geführt haben, daß das Schwabenland von den ‚gottlosesten Räubern' „gesäubert" wurde – ein Ausdruck, der, auf Menschen bezogen, dem Wörterbuch des Unmenschen entstammt.

Nun zum zweiten Beispiel für die Maßlosigkeit und Aggressivität, mit der auch im 18. Jahrhundert noch von den „Zigeunern" gesprochen wird. In einer Polizeiordnung aus Culmbach von 1746 heißt es:

„und weil die zigeuner, als ein dem müssiggange ergebenes, unflätiges, religion- und gottes-dienst nicht achtendes unnützes gesindlein gemeiniglich vom stehlen und rauben profession machet, mithin von löblichen fränkischen creisses wegen der allgemeine schlus gefasset worden, solche leute als einen abscheu menschlicher societät in den creis-landen gar nicht mehr zu dulden".

Von diesem „Abscheu" ist es dann nicht mehr weit zum „Abschaum" und zur Terminologie des Unmenschen. Und manche Praktik, die im 18. Jahrhundert zur Behandlung der „unnützen, herrenlosen" Zigeuner erwogen wird, verweist auf die „Dialektik der Aufklärung" mit den von Horkheimer/Adorno beschriebenen Konsequenzen.[19] In der zweiten Auflage des von Georg Paul Hönn verfaßten Betrugs-Lexicons wird 1761 unter dem Stichwort „Ziegeuner" folgendes „Mittel" vorgeschlagen, um die ‚betrügerischen Zigeuner' zu bekämpfen:

„ist das hinlänglichste, wann jede obrigkeit auf einen einbringenden ziegeuner ein namhafftes kopf-geld setzet, und hernach, wann ein creiß eine parthie beysammen hat, solche man entweder in wohlverwahrte festungen zum schantzen, oder über meer in plantagen und colonien bringen lasse."

Auf dem Buchumschlag zum Neudruck dieser Ausgabe von Hönns Betrugslexikon, der ca. 1968 in den Buchhandel kam, heißt es in launigem Ton:

„Und da ein Lexikon mit Z zu schließen pflegt, werden am Ende des umfangreichen Werkes die Schandtaten der Zauberer, Zigeuner und Zeitungsschreiber gebrandtmarkt und auch hier – wie bei allen anderen Betrügereien – Hinweise von Seiten des Autors gegeben, wie solchen Methoden am besten entgegenzuwirken sei."

Nach dem Geschilderten ist vielleicht deutlich geworden, daß es nicht angeht, die Quellen für sich sprechen zu lassen und im Erklärungsteil des zu schreibenden Artikels „Zigeuner" den Inhalt dieser Quellen kurz zu charakterisieren, weil dabei nur, oder noch einmal, ein ‚Feindbild' gezeichnet würde ohne Distanzierung. Andererseits ist es aufgrund des besonderen Charakters des Deutschen Rechtswörterbuchs, das kein Sachwörterbuch ist, sondern von der Präsentation seiner Quellen lebt, problematisch, in der Erklärung Informationen auszubreiten, die nicht durch diese Quellen gedeckt sind. Der im Folgenden abgedruckte Probeartikel „Zigeuner" spiegelt etwas von dieser Ambivalenz wieder: er ist, gemessen an den Kriterien des Deutschen Rechtswörterbuchs, nicht ‚sachlich' genug, da er Wertungen vornimmt und bei den Verfassern der gegen die „Zigeuner" gerichteten Verordnungen und anderen Verlautbarungen bestimmte Motive unterstellt; angesichts der Härte und Unbarmherzigkeit, die dem Leser in der überwiegenden Mehrheit der ausgebreiteten Quellen entgegenschlägt, mag mancher andererseits diese Erklärung als zu neutral oder nichtssagend empfinden.

Anmerkungen

1   Zuletzt ist erschienen: Deutsches Rechtswörterbuch. Wörterbuch der älteren deutschen Rechtssprache. Herausgegeben von der Heidelberger Akademie der Wissenschaften. Band X Heft 1/2 (Notsache –opferbar), Verlag Hermann Böhlaus Nachfolger, Weimar 1997. Zur Geschichte des Deutschen Rechtswörterbuchs vgl. Ingrid Lemberg, Heino Speer, Bericht über das Deutsche Rechtswörterbuch, in: Zeitschrift der Savigny-Stiftung für Rechtsgeschichte, Germanistische Abteilung, Bd. 114, Wien-Köln-Weimar 1997, S. 679ff.
2   Vgl. den von K. Härter verfaßten Artikel „Zigeuner" in: Handwörterbuch zur deutschen Rechtsgeschichte. Hrsg. von Adalbert Erler u. Ekkehard Kaufmann unter philolog. Mitarb. von Ruth Schmidt-Wiegand. Bd. V, Berlin 1998, Sp. 1699ff.
3   Vgl. den umfangreichen, besonders auch für die Etymologie wichtigen Artikel „Zigeuner". Deutsches Wörterbuch von Jacob Grimm und Wilhelm Grimm. Bd. XV, Leipzig 1956, Sp. 1257ff.
4   Vgl. aus jüngster Zeit: Wilhelm Rütten, „Lustig ist das Zigeunerleben", in: Zeitschrift der Savigny-Stiftung für Rechtsgeschichte, a.a.O., S.233ff.
5   Georg Stephan Wiesand, Juristisches Hand-Buch. Hildburghausen 1762, S. 1298.
6   Johann Heinrich Zedler, Grosses vollständiges Universal-Lexikon. Bd. 62, Leipzig und Halle 1749, Sp. 520ff.
7   Vgl. Anm. 3.
8   Deutsches Wörterbuch, a.a.O. Sp. 1266.
9   Vgl. Martin Ruch, Zur Wissenschaftsgeschichte der deutschsprachigen „Zigeunerforschung" von den Anfängen bis 1900. Diss. Freiburg i.Br. 1986.
10 Zedler a.a.O. Sp. 525.
11 Zedler a.a.O. Sp. 522.
12 Zu dem Artikel in Zedlers Lexikon vgl. Iris Wigger, Ein eigenartiges Volk. Die Ethnisierung des Zigeunerstereotyps im Spiegel von Enzyklopädien und

Lexika. In: Wulf D. Hund (Hg.), Zigeuner. Geschichte und Struktur einer rassistischen Konstruktion. Duisburg 1996, S. 38ff. Jetzt auch in diesem Band S. 15ff.

13 Die in den Anmerkungen nicht ausgewiesenen Quellenbelege finden sich auch in dem beigefügten Probeartikel „Zigeuner" zitiert und sind nach den Quellenverzeichnissen des Deutschen Rechtswörterbuchs umzulesen. Die im Deutschen Rechtswörterbuch übliche Kleinschreibung wurde beibehalten.

14 Mittelniederdeutsches Handwörterbuch, hrsg. von Agathe Lasch und Conrad Borchling, Bd. I, Neumünster 1956, Sp. 522.

15 Nach Ruch liegt es nahe, den Prozeß der Kriminalisierung der Zigeuner „im Rahmen einer Geldbeschaffungskampagne für den Türkenkrieg zu werten". Ruch, a.a.O. S. 52.

16 Vgl. Norbert Elias, Über den Prozeß der Zivilisation. 2 Bde, Frankfurt/M. 1997.

17 Württembergische Vierteljahrshefte für Landesgeschichte. Jahrgang IV., 1881, S. 44.

18 Deutsches Wörterbuch, Bd. IV 1,2, 1897, Sp. 3942ff.

19 Max Horkheimer, Theodor W. Adorno, Dialektik der Aufklärung. Amsterdam 1947.

Zigeuner *m., zur Etym. vgl. DWB. XV 1257ff. u. Pfeifer, EtymWB. 2030f.; Fremdbez. für den oder die Angehörigen einer Menschengruppe, deren Auftreten auf dem Gebiet des Deutschen Reiches seit dem beginnenden 15. Jh. in den Rechtsquellen registriert wird; die Wahrnehmung der, wie man seit dem Ende des 18. Jh. weiß, aus Indien stammenden Ethnie ändert sich bereits im 15. Jh.: zunächst als unter dem Schutz des jeweiligen Territorialherrn, aber auch des Königs (Schutz-, Geleitbriefe) reisende Gruppe mit einem sog. Grafen oder Herzog an der Spitze toleriert, werden sie bald als vermeintliche Spione im Dienst der Türken und dann allgemein als fremdes, herrenloses, liederliches* Gesindel (II), *als* [1]Heiden, Landstreicher *kriminalisiert, verfolgt und für vogelfrei erklärt, wobei schließlich unter dem Namen Z. alle möglichen* fahrenden (B III) *Leute subsumiert werden; die Schärfe der gegen die Z. gerichteten Verordnungen, die deren Lebensmöglichkeiten aufs Äußerste einschränken oder zerstören sollen, erklärt sich nicht zuletzt aus einer (politisch instrumentalisierbaren) Angst vor den Fremden und einer als Bedrohung der (früh-)bürgerlichen Wertewelt empfundenen Lebensweise; vgl.* Landfahrer (I), Landläufer (I), Landstreifer (I), Müßiggänger (II); *zS. vgl. HRG. V 1699ff.* 15 ßl. haben wir geben den zigeunern an geld, brod, fleisch und wein ihrem herzog, ihren weibern und kindern durch unser lieben frawen ehre *1418 Schmeller*[2] *II 1094.* to der sulven tiid [1417] wanderde dorch de land en vromet hupe volkes; desse quemen uthe Tartarien; se weren swart unde eyslik unde hadden myt sik wyve unde kyndere. se toghen dorch de stede unde leghen in deme velde, wente me wolde se in den steden nicht liden umme dat se sere stelen; erer was by 400 unde nomeden sik de secanen. se hadden under sik vorsten, also enen greven unde enen hartighen; dar worden se van gherichtet, wan se mysdeden. de vorsten der lande hadden en leydebreve gheheven, dat se velich togen, wor se wolden. etlike van en reden; men de meste hupe ghink to vothe. de sake, wor se aldus umme weterden van deme enen lande to deme anderen, was, also men sede, dat se weren van deme loven treden wedder to der heydenschop, unde dar umme was en dat ghesad vor ere penitencien unde scholden dat holden 7 jar *Mitte 15. Jh. LübChr. III 108.* wen ich [graff Heinrich von Thübbingen] vor zu W. bin gelegen u. komers halben ken T. mußte von T. ken B., von do her ken R. u. uff u. nidder habe mussen czihen als cziganiter *1466 WürtJb. 1852, 1 S. 200.* es möchten ... die armen leut sich der zygeiner mit der tat wern, und daß sollen sy gen der herschafft und meniglich unentgolten und der sachen halb aller wandel frey sein *1469 Lori, BairMünzr. I 86.* [*Stadtrechnung:*] 5 bh. den zügynern geschancket, dass sie hynweck zügen *1486 WasungenUB. 50.* daß eyn yder kurfürst, fürst vnd ander oberkeit in seinen herschaften vnd gepiten ... erkundigung vnd betrachtung thue ... von der spillewt, betler vnd der zeigewner wegen *1495 RAbsch. II 26.* der jhenen halben, so sich zigeüner nennen, vnd wider vnd für in die land ziehen ... ist geratslagt, nachdem man anzeig hat, daß dieselben erfarer, ausspeher vnd verkuntschaffter der cristen land sein, daß man denselben hinfuero in die land zu ziehen nit gestatten noch leiden soll *1497 RAbsch. II 32.* den zegeunern verbieten wir vnser furstenthumb vnd gebiete gantz vnd gar. vnd wollenn das sie nyrgen jngelaissen gelietten ader vff enthalten werden sollen by vermydung vnser vngnedigen straiffe *1500? HessSamml. I 33.* es soll fürter kain zigyner inn gebietten vnd oberkaiten vnsers gnedigen herrn gedult beherbergt oder vffenthalten werden, wurden sie aber darinn erfunden, so sol man die manspersonen gefencklich annemen, vnd deren wyb vnd kind von stund an vsser dem fürstenthum füren lassen *1515 Reyscher, Ges. XII 33.* auch sollt du in deynem ampt keynen zegeüner odder heyden zulassen, sonder sie alsbald den nechsten auß vnserm landt weyssen, vnd wo sie daryn seumig funden wurden, sie darumb zymlich straffen *1524 HessSamml. I 49.* von wegen der cigineren unnd heyden will unns gefallen, das die in unnserer eidgnoschaft furer nit me geduldet, sonder von unnsern landen abwise unnd darby warne, wo man sy daruber in unsern landen ergriffen, das man sy lut voriger abscheiden an die escht hencken werde *1532 AktBaselRef. VI 107.* so auch viel lediger unnützer leute hin und wider in landen weben, dazu man sich nichts guts vorsehen mag, als sint zigeuner und starke vormögende betler, die selben sollen in unsern landen und fürstenthumen hinforder nicht geliden oder geduldet werden *1532 Sachsen/Sehling, EvKO. I 1 S. 181.* daß angeregte paßporten, wo etwan den zigeunern, und von wem sie gleich gegeben wåren, zu cassiren, abzuthun, und zu vernichten seyen *1551 RAbsch. II 623.* [*Überschrift*] von den zigeünern vnnd vnbekanten argwenigen leüten *BairLO. 1553 VI 3.* welcher gestalt und maßen es ... mit den buchtruckern, -führern und -verkäufern, fremden inkömlingen, herrenlosen knechten, unbekanten krämern, betlern, heiden oder zigeunern, landläufern, netzbuben und andern argwonigen geselschaften und dero aller straf ... gehalten werden soll *1558 Jülich-Berg/QNPrivatR. II 1 S. 330.* ist auch meniglichem wissend, das der zigeiner und etlicher landstraifer wesen und practick lauter buobenwerck und verräterey, welchs dem Teutschlandt und jederman vil unrats, unglücks und ubels mitgebracht *1574 WürtLändlRQ. III 37.* derjenigen halben, so sich zeugeuner nennen ... gebieten wir allen churfürsten, fürsten und ständen, bey den pflichten, damit sie dem heil. reich verwand, ernstlich und wöllen, daß sie hinfüro dieselben zeugeuner (nachdem man glaublich anzeig hat, daß sie erfahrer, verräther und ausspäher seyen, und die christen land dem Türcken, und andern der christenheit feinden verkundschafften) inn und durch ihre land nit ziehen, handeln und wandeln lassen *RPO. 1577 S. 393f.* als auch das loße, verloffene gesindlein die zegeyner mehrfaltig eingeriessen, mit irem wahrsagen und dergleichen fantaseyen vill betriegen, das ihrieg arglistiger weys abbiegen und entwehnen, derwegen furthin der keiner wenig oder vill in der herschaft nit geduldt ... werden solle *1577 WürtLändlRQ. I 734.* das dissen zeugeunern vnd landtleuffern kein durchtzogk viellweniger beharlicher vnderschleiff verstattet werden solle *1582 HessSamml. I 452.* lieben getreuen, wir werden berichtett das sich in vnserm furstenthum vnd lande allerhandt lose gesindt so sich zeugeuner nennen, einschleiffen, denen jhr, jhres gefallenß so lang sie wollen darinnen zu hausiren ab vnd zu zutziehen gestatten sollet *1582 HessSamml. I 452.* ob iemands, wer der sei, verdachtliche und schedliche leit ... widertauffer, zigäner und irer secten verwante und zusambenkonften in seinem haus und herberg aufhielte *1587? OÖsterr./ÖW. XIII 128.* darneben dann auch jetziger zeith das gesind so sich ziegeuner nennen, und dafur ausgeben, zu roß und fueß sich auch finden lassen, und ueber den armen unterthanen mit dero beschwehrungen und schaden zu liegen vermeinen *1590 Schneidt,Thes. II 1866.* nach dem den zygeinern, darumb dz sie fuer ausspeher, kundschaffter vnd verräther der christenheit gehalten, auch mit heidnischer abgötterey vnd andern vnchristlichen lastern kündlich behaftet seynd, hiebevor auff mehrmals gehaltenen reichsversamblungen das heilige reich teutscher nation gäntzlich verbotten worden, ... so befehlen wir hiemit allen vnd jeden vnsern amptleuten, befelchhabern, landsåssen vnd vnterthanen, daß sie gedachten zygeinern vnd jhrem anhang ... einigen durchzug ... keines wegs verstatten *1599 OPfalzLO. 61.* der oder die jenige, welche nicht in ernst, sonder allein aus fürwitz, schimpfsweiss und kurtzweil halben ... zigeuner, wahrsager, zauberer, und andere fragen, jhnen die hände bietten, darein sehen und wahrsagen lassen ... der oder dieselben sollen ein gantzes monat aintweders in der gefencknuss ... abgestrafft, oder aber ... handtarbeit zu verrichten ... geschickt oder ... für die kirchen gestelt, oder ... in der keuchen mir ruethen wol abbüesst werden *1611 Friedrich Panzer, Bayerische Sagen und Bräuche II (München 1855) 288.* wann aber vneracht diser reichsordnung vnd verbott die zigeuner sich ... vnderstehn in vnsern landen sich einzuschlaichen, als setzen vnd ordnen wir noch ferner, da hinfüran zigeuner bey vnsern landtgränitzen sich erzaigen vnd sehen lassen, dieselbige alsbalden ... mit betrohung einer leibsstraff auß dem landt zu ruck gewisen, da sie aber im landt betretten, sie allen vnd jeden obrigkeiten ... mit haab vnd guet preyß gegeben ... werden als wir auch berichtet, daß jnen durch etliche in vnsern fürstenthumben paßporten vnd vrkunden jhres verhaltens gegeben werden, wöllen wir solches hiemit bey der straff abgeschafft ... haben *BairLR. 1616 S. 679.* verordnung der plackerey, zigeuner, bettler, gartten knechtt und ander dergleichen herrnlose gesindleins halben *1616 CCNass. I 1 Sp. 702.* es soll auch fürther kein zigeiner in vnsers hertzogthumbs oberkeit geduldet, sonder in den anstossenden orten gewarnet vnd abgewiesen werden. wa sie aber vber das darinn betretten, sollen sie durch die amptleut von stund an gefaenglich angenommen, jhnen all jhr haab vnd gut eingezogen vnd deren weib vnd kind ausser dem land getriben werden *1621 Reyscher,Ges. XII 767.* nachdem auch die zigeuner und tartern als vorråther, außspeher, und vorbannete leute billich nicht auffgenommen, gehauset oder gedůldet werden sollen, und wir dennoch vormercken, daß nicht destominder solch gottloß, aberglaubisch, betrieglich, diebisch und móderich gesindlein in vnsern landen sich ungeschewet finden lasse *1622 ScleswHLGO. 144.* wöllen wir die ... anstalt machen, daß diejenigen, welche solchen wahrsagern, teufelsbeschweereren und sägneren, wie auch den heiden oder zygineren ... nachlaufen ... als faule nichtswärtige glider von der christlichen kirchen und gemeind abgeschnitten ... werden sollen *1637 BaselRQ. I 1 S. 509.* hat die herrschaft Clauß ... auf alle straifend, gartund und andere herrenlose und unnüze gesindl und züggeiner, was nit malefizisch, die wandl zu pönen und zu straffen *1646 OÖsterr./ÖW. XIII 84.* sollen auch außerhalb der jahrmerckten die hussierer, harzer, zigeuner, gartknecht, störzer, landstreicher und alles anders herrenlos gesind ... fortgewisen werden *1651 Vorarlberg/ÖW. XVIII 38.* wann es auch sehr starcke und solche leuth seyn, welche die pein der torturn so gar hoch nicht achten oder empfinden, als wie die zigeuner, juden und andere leichtfertige leuth, können sie auß erheblichen anzeigungen wohl zwey, oder dreymahl ... torquirt werden *NÖLGO. 1656(CAustr.) 39 § 4.* demnach auch hin vnd wieder in den landen leute herumb streichen, so sich heyden oder zygeuner nennen, vnd mit gottlosen ärgerlichen dingen vmbgehen, nemlich mit zauberey, warsagerey, dieberey vnd allerley betrüglichen stücken, weßwegen sie auch bey wolbestelten regimentern im christenthumb vnd vnter den rechtgläubigen keines weges zu hegen, sintemal sie auch den christlichen glauben nicht verstehen noch demselben zugethan seyn, vnd man weder von ihrer geburt noch aufferziehung, leben oder wandel, vielweniger von ihrem ehestande einige gewisse nachricht haben kan, sie auch offenbarlich vnd vngescheuet ihre böse stücke, so dem christenthumb allerdings zuwider seyn, treiben, vnd davon nicht abstehen, weßwegen auch christliche obrigkeiten sie nicht zu dulden, sondern wo sie sich angeben, so bald fort vnd hinweg zu weisen hin vnd wieder angeordnet vnd befohlen haben *1656 HessSamml. II 412.* [Pestedikt:] sonderlich sollen die außlandische frembde bettler, landläuffer, gängler, frembde krämer oder hausirer, zigeuner, juden vnd dergleichen ... nicht auffgenommen ... werden *1666 HessSamml. II 633.* ich ordne, setz und will auch, daß keiner meiner gerichtsverwanten, underthonen und hindersäßen mit keinem juden noch jüdinen, züggainer und züggainerinn im geringsten nichts contrahiere *1672 WürtLändlRQ. III 622.* anno 1497 sind abermal viel ziegeuner hieher kommen, welche wunderliche und seltzame possen und abentheuer getrieben, es hat ihnen aber e. e. rath einen orts-gülden gegeben und sie, nach erkundigung ihres betrugs fortweisen lassen *1676 WasungenUB. 50.* lasse ihme ein ieder ... angelegen sein ... keine landfahrer, zügeiner, s. v. schünter und henkers gsündl, starke bettler und andere verdechtige mans- oder weibspersohnen zu beherbergen *1688 OÖsterr./ÖW. XII 91.* daß man die so genanten heyden oder ziegeuner, als welche nichts anders dan ausspäher und verräther der christenheit, und dazu landbetrieger sind, in und durch die lande teutscher nation keinesweges ziehen, handeln und wandeln lassen ... solle *1695 HessSamml. III 398.* wann ain landgerichtsverwalter zu ... ausrot- und vertreibung der zigeiner oder anderer umbschwaif- und vagierenten unnuzen herrnlosen leuten und gsündl aufbieten ... thuet *1700 OÖsterr./ÖW. XIII 416.* seynd des gleitschutzes nicht werth ... die ziegeiner *1705 KlugeBeamte I² 330.* massen wir dann ... unsere unterthanen insgemein vor dem unter dem schein des bettlens und erdichtetem vorwand ihrer gebrechlichkeit ... sich einschleichendem liederlichem losem und des feuer-einlegens in städt flekken und dörffern höchstverdächtigem gesinde, ins besonder denen ziegeunern ... verwarnet ... haben wollen *1710 HessSamml. III 636.* solle keiner keinen bettler, landrötter, zigeiner oder sonsten leuchtfertig, verdächtig, landfrembd, und unbekanndes gesindlen mehr haußherbergen noch unterschlauf geben *um 1710 WürtLändlRQ. I 530.* welchemnach dann sich wider den peinlich innhafftirten so viel verificirt, daß er ein zügeiner und denen künsten wohl erfahren *1714 Württemberg/ZRG.² Germ. 114 (1997) 244.* dijenige bößwicht belanget, so unter den namen der zigeiner und rauber im land herumb vagiren und sich auf das rauben und allerhand grausamme gewathaten [*!*] verlegen, da statuiren wir ... das solche mörderische unmenschen ... vor vogelfrey gehalten ... werden *1720 NArchHeidelb. 3 (1898) 192.* daß ... allen ziegeunern unsere lande zu betreten, dieselbe zu durchstreifen, zu garden, und darinnen aufenthalt zu suchen, bey nachdrücklicher leibes-strafe ernstlich verbothen ist *1720 AltenburgSamml. I 243.* niemand ... soll einige fremde bettler, landläuffer noch ziegeuner oder heiden bey sich unter dach nehmen, noch einigen auffenthalt geben, bey straffe 5 gfl. an unsern gnädigsten fürsten und herrn und einer halben tonne bieres für die gemeine *1721 OstfriesBauerR. 114.* sub nocturno tempore effregerunt fures vulgo zigeuner in custodiam nostram et sustulerunt argenteos calices *1728 KlArchRhProv. III 54.* die ziegeuner ..., welche nicht allein unter sich ein atheistisches sündliches leben führen, sondern auch im bürgerlichen staat, außer ihrer muthwilligen und gefährlichen betteley, mit fast offenbaren stehlen und rauben, auch verführung der alten und jungen, grosses unheil stiften *1736 CCHolsat. I 538.* daß die im lande befindliche zigeuner, wann sie attrapiret werden, nach der nächsten festung zu schwerer arbeit gebracht werden sollen *1741 CCHolsat. I 946.* [policey-ordnung] und weil die zigeuner, als ein dem müssiggange ergebenes, unflätiges, religion- und gottes-dienst nicht achtendes unnützes gesindlein gemeiniglich vom stehlen und rauben profession machet, mithin von löblichen fränkischen creisses wegen der allgemeine schlus gefasset worden, solche leute als einen abscheu menschlicher societät in den creis-landen gar nicht mehr zu dulden *1746 CCBrandenbCulmb. II 1 S. 733.* was die zigeuner anbetrifft, welche unter die gefährlichsten landstreicher zu zehlen sind *1748 Krüger, PreußManufakt. 606.* gleichwie nun also heut zu tage die zigeuner als schädliche bösewichter, ja als ausspäher, kundschaffter und verraether der christenheit angesehen werden: also sind sie auch aus Deutschland so wohl, als andern reichen vielfältig verbannet, ja durch ein urtheil des cammer-gerichts zu Speyer alles schutzes entsetzet und vogelfrey erkläret worden *1749 Zedler 62 S. 527.* an allen gränzen unsers hochstifts Paderborn besondere pfähle mit darüber hangenden tafeln errichten, und darauf zu jeder warnung und wissenschaft die wörter deutlich schreiben zu lassen: auswärtigen bettelnden christen und juden, landstreichern und anderen liederlichen gesindel ist bey straf lebens-länglichen zuchthauses und karren-schiebens, hingegen denen zigeuneren bey leib- und lebens-straf der eintritt in das hochstift Paderborn verbotten *1750 ZWestf. 94, 2 (1938) 199.* daß die jauner, zigeuner, vaganten, landstreicher, deserteurs ... in denen gemeinden nicht geduldet ... werden sollen *1751 SammlBadDurlach II 90.* ist das hinlänglichste, wann jede obrigkeit auf einen einbringenden zigeuner ein namhaftes kopf-geld setzet, und hernach, wann ein creiß eine parthie beysammen hat, solche man entweder in wohlverwahrte festungen zum schantzen, oder über meer in plantagen und colonien bringen lasse *1761 Hönn,Betrugslex. 519.* sollen die zigeuner, welche sich nach der unten zu gültigkeit dieser ordnung für fremde bestimten zeit noch in unsern landen betreten lassen, als ein vogelfreies raubgesindel, wenn sie unserm peinlichen gericht eingebracht werden, sogleich aufgehangen, und fals sie sich beim arretiren, wozu ebenfals ein jeder unserer unterthanen schuldig seyn sol, mit der flucht retten wollen, tod geschossen werden *1770 LVerordnLippe II 370.* obwohl es ehemals erlaubt war, die zigeuner und in die reichs- und oberacht verfallenen verbrecher ungestraft zu tödten; so finden jedoch auch hierin bey dem veränderten justitzwesen in Deutschland andere grundsätze statt *1783 Quistorp,GrundsPeinlR. 408.* das übrigens verbrecher, denen die öffentliche sicherheit benommen ist, ingleichen zigeuner und andere vagabunden dieser rechte [*der Reisenden*] nicht theilhaftig seyen, darin stimmen alle und jede landesordnungen mit einander überein *1805 RepRecht XII 253.*

Zur Verwendung des Wortes *zigeuner* in der Frühen Neuzeit
Dargestellt mit dem Belegmaterial und nach der Methode des *Frühneuhochdeutschen Wörterbuches*

JOCHEN A. BÄR / SILKE BÄR

1. Vorbemerkungen

1.1. Zum Ansatz

Vorstellungen oder – sprachwissenschaftlich formuliert – semantische Konzepte vergangener Zeiten können heutzutage nur noch aus überlieferten Texten rekonstruiert werden. Besonders aufschlußreich ist dabei die Untersuchung der zeitgenössischen Verwendung derjenigen Wörter, mit denen die interessierenden semantischen Konzepte verbunden sind. Hilfreiche Arbeitsinstrumente sind hier die großen historischen Wörterbücher, die unter lexikalischem Aspekt ein in der Regel weit umfangreicheres Quellenkorpus ausgewertet haben, als ein Einzelner oder auch ein Team in gemessener Zeit bearbeiten kann.

Der vorliegende Beitrag beschäftigt sich mit der Verwendung des Wortes *zigeuner* in der Frühen Neuzeit. Das für diesen Zeitraum relevante *Frühneuhochdeutsche Wörterbuch* (FWB) ist allerdings beim Buchstaben *z* noch nicht angelangt, so daß unter *zigeuner* dort bislang nicht nachgeschlagen werden kann. Wir wählen daher eine Behelfslösung, die zugleich Experimentcharakter hat: Wir legen unserer Untersuchung die *zigeuner*-Exzerpte zugrunde, die im Heidelberger Belegarchiv des *Frühneuhochdeutschen Wörterbuches* zu finden sind, und werten diese Exzerpte nach Art und Vorbild des *Frühneuhochdeutschen Wörterbuches* lexikographisch aus. Ergebnis ist ein Wörterbuchartikel *zigeuner*, wie er in einigen Jahren im geplanten Band *st–z* des FWB erscheinen könnte.

Berücksichtigt man die Tatsache, daß historische Wörterbücher zwar *über* eine bestimmte Vergangenheit, aber *für* eine bestimmte Gegenwart geschrieben werden, so kann anhand dieses Artikels nicht nur Aufschluß über die Verwendung des interessierenden Wortes in der Frühen Neuzeit (und damit über die dahinterstehende historische Realität) gewonnen, sondern zugleich die Frage diskutiert werden, welche Probleme sich dem Lexikographen bei der Bearbeitung eines heutzutage brisanten, weil ideologisch und historisch «belasteten» Wortes stellen.

1.2. Das Frühneuhochdeutsche Wörterbuch: Anmerkungen zum Projekt

Das *Frühneuhochdeutsche Wörterbuch* ist ein semantisches Sprachstadienwörterbuch; es beschreibt die deutsche Sprache der Zeit von ca. 1350 bis ca. 1650, wobei «die» deutsche Sprache keine einheitliche Größe darstellt, sondern – um nur drei der wichtigsten Aspekte zu nennen – räumlich (dialektspezifisch), zeitlich (innerhalb der ca. 300jährigen Gesamtepoche) und textsortenspezifisch variiert.

Das Wörterbuch wurde Mitte der 70er Jahre von den Germanisten Robert A. Anderson, Ulrich Goebel und Oskar Reichmann begründet. In einer mehrjährigen Vorlaufphase wurden konzeptionell-methodische Fragen geklärt sowie die Wörterbuchquellen ausgewählt und für die Wörterbuchstrecke *a* exzerpiert. Ursprünglich sollte der Gesamtumfang drei Bände betragen, was der Größenordnung des *Mittelhochdeutschen Wörterbuches* von Matthias Lexer entsprochen hätte. Bei der praktischen Arbeit erwies sich jedoch das Wort- und Bedeutungsmaterial der Epoche als so reichhaltig, daß nach neuesten Berechnungen insgesamt 12 Bände zu erwarten sind.

Das Publikationsprinzip besteht darin, daß verschiedene Bearbeiter zeitgleich an unterschiedlichen Bänden arbeiten. 1986–89 erschien in 4 Lieferungen der 1. Band (Einführung. *a–äpfelkern*; Bearb.: Oskar Reichmann). 1991–94 folgte, ebenfalls in 4 Lieferungen, der 2. Band (*apfelkönig–barmherzig*; Bearb.: Oskar Reichmann). 1995/97 wurden die ersten beiden Lieferungen des 3. Bandes (*barmherzigkeit–beistat*; Bearb.: Oskar Reichmann) publiziert, bereits 1996 die jeweils erste Lieferung des 4. Bandes (*pfab(e)–plagen*; Bearb.: Joachim Schildt) und des 8. Bandes (*i, j*; Bearb.: Vibeke Winge).

Die Exzerption der Quellen, die zuerst mit Lehrstuhlmitteln sowie für einige Zeit durch ein Sonderprogramm des Landes Baden-Württemberg finanziert, von 1990–98 von der Deutschen Forschungsgemeinschaft gefördert wurde, erfolgte in mehreren Arbeitsgängen. In jedem dieser Arbeitsgänge wurde das gesamte Korpus hinsichtlich einer bestimmten Buchstabenstrecke nach bestimmten Richtlinien exzerpiert. Auf diese Weise konnte die Publikation der oben genannten Bände bzw. Lieferungen zeitgleich mit der Exzerption für die restlichen Bände erfolgen.

Inzwischen ist die Exzerption für das gesamte Alphabet abgeschlossen; das Belegmaterial liegt komplett vor. Zum Stellenwert dieses Materials ist folgendes anzumerken: Das *Frühneuhochdeutsche Wörterbuch* basiert auf einem Quellenkorpus, das die sprachliche Variation des Frühneuhochdeutschen in angemessener Form widerspiegeln soll. Das Korpus enthält daher Texte aus allen Dialekträumen[1], Texte aus jeder Unterepoche[2] und Texte aller von den Herausgebern angesetzten Textsorten[3]. Damit ist prinzipiell die gesamte hochdeutsche Sprache des Spätmittelalters und der Frühen Neuzeit erfaßt.

Allerdings läßt eben die sprachliche Variation in aller Regel keine Aussagen über «die» deutsche Sprache des Spätmittelalters und der Frühen Neuzeit zu, wenn man lediglich nach einer bestimmten sprachlichen Einheit fragt. Im Fall des Lexems *zigeuner* ist insbesondere die regionale Variation zu berücksichtigen. Das Wort findet sich in frühneuhochdeutscher Zeit – vereinfachend gesagt – vor allem im Oberdeutschen; im Westmitteldeutschen kennt man es zwar auch, sagt aber eher *heide*, im Ostmitteldeutschen und Niederdeutschen *tater*. In der Regel erfolgt eine Übernahme des *zigeuner*-Lexems in das Mittel- und Niederdeutsche, wo es in neuerer Zeit neben den älteren Ausdrücken verwendet wird und diese teilweise verdrängt, erst im späteren Frühneuhochdeutschen bzw. sogar erst im Neuhochdeutschen.[4] Die Untersuchung auf das Wort *zigeuner* zu beschränken, wie es hier aus pragmatischen Gründen geschehen muß[5], reduziert ihre Gültigkeit auf das dialektale Verbreitungsgebiet dieses Wortes.

2. Befund

Das der Untersuchung zugrundeliegende Material besteht aus 41 Exzerptzetteln, die jeweils das Wort *zigeuner* in einem vom Exzerptor für die Bestimmung der Belegbedeutung ausreichend erachteten Kontext präsentieren. Es wird im folgenden unter verschiedenen inhaltlichen Aspekten vorgestellt. Die Quellen geben einerseits Aufschluß darüber, wie *zigeuner* in der Frühen Neuzeit von ihren Zeitgenossen wahrgenommen wurden, welche Eigenschaften und welches Verhalten man ihnen attestierte (2.1–2.5); sie geben zum anderen darüber Auskunft, wie sie, vor allem in der Rechtspraxis, aufgrund dieser Wahrnehmung behandelt wurden (2.6).

2.1. Äußere Erscheinung

Beschreibungen der äußeren Erscheinung liegen nur vereinzelt vor. Sie beinhalten zum einen Aussagen über zerlumpte, bunte Kleidung[6], zum anderen über eine dunkle Farbe, wobei nicht immer klar wird, ob dabei an Haut- oder Haarfarbe gedacht ist. HARSDÖRFFER. Trichter 3, 501, 1 (Nürnb. 1653) scheint die Hautfarbe zu meinen, da er die *zigeuner* als *wetrerfarbe / abgebräunte [...] Rott* apostrophiert. Weniger eindeutig sind Stellen, an denen von *schwarzer* Farbe die Rede ist, z. B. bei SACHS 14, 211, 25 (Nürnb. 1552): *Hört, jungfraw Eva, vor zwey tagen, | Da hab ich am marck hören sagen, | Ir wolt zum mann den jüngling nemen. | Ey, wolt ir euch sollichs nit schemen? | Ey, wie möcht ir in haben lieb! | Er ist dür, man zelt im sein rieb, | Und schwartz, einem ziegeiner gleich.* – An anderer Stelle wird ein *zigeuner* selbst als *schwartzr [...] tropff*[7] bezeichnet, und ebenfalls in diesem Sinne ist wohl ein Beleg zu interpretieren, in dem ein *zigeuner* mit dem (offenbar als dunkel, vielleicht als rußgeschwärzt vorgestellten) Teufel verglichen wird: *Der ziegeiner gehet ein. Die magt zeigt auff ihn und spricht: | Schaw, liebe fraw, wer kumbt dort rein? | Sol wol der teuffel selber sein?*[8]

2.2. Herkunft

Über die Herkunft der *zigeuner* besteht im allgemeinen keine Klarheit. In einem einzelnen Beleg wird ihnen ein *vatterland*[9] attestiert, ohne daß gesagt würde, wo dieses zu finden sei. Verschiedenen Belegen ist zu entnehmen, daß die *zigeuner* Ägypten als ihr Herkunftsland angeben – in Qu. Brassó 5, 502, 22 (siebenb., 1614) werden sie *pharonen* genannt –, wobei aber die Zuverlässigkeit dieser Information zumeist in Zweifel gezogen wird. Das kann ausdrücklich geschehen wie bei Harsdoerffer. Trichter 3, 501, 1 (Nürnb. 1653): *Zûgeiner [...] die sich Egypter rûhmen, da sie nie sind gewesen*, oder indirekt, indem die Tatsache, daß die *zigeuner* es sind, die sich Ägypter nennen, besonders betont wird: *Les Allemans nomment ainsi ceux qui courent le pays, se disant Egyptiens.*[10] Turmair 5, 572, 30 (moobd., 1522/33) präsentiert neben der Nennung Ägyptens, die er indirekt ebenfalls für falsch erklärt, eine eigene Version: *die zigeiner [...] Haben ausgeben, si sein aus Egipten, [...] sein lauter pueben, ain zesamclaubte rot aus der gränitz Ungern und der Türkei.*

2.3. Nichtseßhaftigkeit

Mehrfach findet der Aspekt der Nichtseßhaftigkeit Erwähnung. *Zigeuner* werden als *unbestándige / [...] nirgend wohnhaffte Rott*[11] bezeichnet. In einem zeitgenössischen deutsch-französischen Wörterbuch findet sich als Entsprechung für das Wort *zigeuner* die Formulierung *ceux qui courent le pays*.[12] Aus einer Komödie von Hans Sachs, einer Bearbeitung des 25. Kapitels des 1. Buches Samuel, geht die Selbstverständlichkeit hervor, mit der *zigeunern* eine nomadisierende Lebensweise zugeschrieben wurde, indem diese zum Vergleich für die Lage der Gruppe um König David herangezogen wird: *Davids zween knecht kommen wider. Simeon der spricht: | Hör, Jacob, sind wir nit elend | Leuth in der wüsten an dem end? | Wie die zigeuner wir umziehen, | Ietzund dorthin, denn dahin fliehen | Vor König Saul, der uns nachstellt.*[13]

Zudem enthält eine ganze Reihe von Belegen (vor allem aus Rechtsquellen) die Information der Nichtseßhaftigkeit implizit. Die Mehrzahl der Texte sind Verordnungen; sie beinhalten zumeist das Verbot, fremden Personen im jeweiligen Bezirk Unterkunft zu gewähren, bzw. den Auftrag, sie der Obrigkeit zu überstellen, wenn sie sich weigern, einen Ort zu verlassen. *Zigeuner* erscheinen hier ebenso wie z. B. *landsknecht* und *landtstrichling* als plötzlich auftauchende Menschengruppen ohne klare Herkunft oder ersichtliches Ziel, die durch nicht-gesellschaftskonformes Verhalten auffallen und daher nirgends geduldet werden sollen. Ihre Nichtseßhaftigkeit stellt sich unter diesem Aspekt zumindest teilweise dar als durch die Haltung bedingt, die ihnen gegenüber eingenommen wurde: Führt man sich die hier angedeutete, unter 2.1.6 eingehender beschriebene Rechtspraxis vor Augen, so blieb den *zigeunern* offenbar gar keine andere Möglichkeit, als *durch die land hin und her [zu] ziehen*.[14]

2.4. Wahrsagen

Die den *zigeunern* zugeschriebene Fähigkeit des Wahrsagens, die mitunter auch als erlernbare und zweckdienliche Kunstfertigkeit betrachtet wird[15], erscheint mehrfach als literarisches Motiv, und zwar bevorzugt in lehrhaft-unterhaltenden Texten. Obwohl die Figur des *zigeuners* in mehreren Fällen als Handleser auftritt, geht es hier weniger um magische oder übernatürliche Fähigkeiten, vielmehr um das Aussprechen offenkundiger Wahrheiten, um das Aufdecken von Schwächen, Heucheleien oder Fehlverhaltensweisen der «normalen» Bevölkerung. Diese fühlt sich durch die wenig schmeichelhaften Aussagen naturgemäß in ihrer Ehre gekränkt und versucht ihrerseits, den *zigeuner* als Betrüger zu diffamieren:

Der ziegeiner schawdt ihr [Magdt] die handt und spricht: | O, du gar faul und schlüchtisch bist, | Das feist du von den suppen frist, | [...] Den sewen kanst am basten kochen, | Hast wol zwey tausendt flöch erstochen, | Und hast auch vert ein panckart tragen, | Und was sol ich dir lang warsagen? | Der bauch der wechst dir wider her. | Magdt schreidt: | Wie, wolst mir reden an mein ehr? | Du leugst, du schwartzr, diebischer tropff.[16]

Daß der *zigeuner* gleichwohl die Wahrheit gesagt hat, bestätigt der Kommentar des Bauernknechts, der die Szene beobachtet hat: *Der ziegeiner hat unser maidt | So war-gesaget, auff mein aidt, | Als wer er tag und nacht bey ir.*[17]

Die mit Undank aufgenommenen Versuche des *zigeuners*, die Wahrheit zu sagen, laufen, dem lehrhaft-moralischen Charakter der vorliegenden Dichtung gemäß, auf eine Klage über Zeiten und Sitten hinaus: *Ir erbern herrn und züchting frawen, | Mein warsagen hat mich gerawen, | Weil ich darumb wirt nauß geschlagen. | Ich merck wol, wer ietzt war will sagen, [...] | Dem wirt iederman darumb feindt; | Das hab ich wol erfaren heindt. | Wer aber ietzund schmeicheln kan, | Der ist gantz wert bey iederman. | Des muß wir ziegeinr uns verkern, | Für das warsagen schmeicheln lern, | Wöl wir uns neren in der welt.*[18]

Was in den literarischen Texten mit Sympathie dargestellt wird, weil es entweder als wirkliche Fähigkeit gilt oder Anlaß zum spöttischen Vergnügen über die Dummheit der Betrogenen bietet[19], erscheint in nicht-fiktionalen Texten in deutlich negativerer Wertung. Der *zigeuner* als Handleser, der seine Tätigkeit für Geld ausübt[20], ist in der historischen Realität offenbar ein verbreitetes Phänomen, wie mehrere Rechtsquellen bezeugen. Die Rede ist in diesem Zusammenhang nicht mehr positiv von *kunst*[21], sondern von Vorspiegelung falscher Tatsachen.[22] Den *zigeunern* wird kein positives, sondern im Gegenteil ein negatives Verhältnis zur Wahrheit zugeschrieben, eine Neigung zum Lügen, die es angeraten scheinen läßt, ihrem Wahrsagen zu mißtrauen: *Weiß doch nicht, ob mir war und recht | Der zigeuner hat zugesagt, | weil iederman sonst ob in klagt, | Wie all zigeuner liegen gern.*[23]

2.5. Kriminelle Handlungen

Abgesehen von ihrer Betätigung als Wahrsager, die in den zuletzt angeführten Belegen bereits als gesetzwidrig dargestellt wird, werden die *zigeuner* noch anderer, weit schwerwiegenderer Rechtsverstöße bezichtigt: Die Rede ist hauptsächlich von Betrug[24] und Diebstahl[25]; beides erscheint als ernstzunehmende Gefahr für die Gesamtgesellschaft.[26] Auch aufdringliches Betteln sowie Versuche, Handel mit der ansässigen Bevölkerung zu treiben, werden als – zumindest tendenziell – kriminelle Handlungen gewertet und verboten.[27] Einen interessanten zusätzlichen Aspekt bietet die *Bayerische Chronik* von Johannes Turmair (Aventin), in welcher die *zigeuner*, abgesehen von den ihnen sonst zur Last gelegten Handlungen, pauschal des Landesverrats an die Türken verdächtigt werden:

Diser zeit sein am ersten die zigeiner in dise land komen [...]. Haben sich mit stelen zaubern warsagen genert, sein lauter pueben, ain zesamclaubte rot aus der gränitz Ungern und der Türkei. Wissentlich ist, das es verräter der Türken sein, wie auch auf etlichn reichstägen kaiserlich landpot wider si ausgangen sein. Noch ist die welt so blint, will betrogen sein, [...] läst si sauber stelen liegen triegen, in mancherlai weis alle leut becheissen und durch die land hin und her ziehen. Bei uns ist das stelen rauben bei henken und köpfen verpoten, inen ist es erlaubt. Man hats aufgemerkt, das alwegen hernach bald, wen si zogen sein, der Türk die christenhait überfallen, hat grossen schaden getan, lant und leut eingenommen. Noch wil die welt nit witzig werden.[28]

2.6. Behandlung der *zigeuner*

Für die Reaktion der Gesellschaft als historische Realität spielt es keine Rolle, ob die genannten Aktivitäten von den *zigeunern* tatsächlich ausgeübt wurden oder ihnen nur unterstellt sind. Eine Vielzahl von Rechtstexten und auch von chronikalischen Texten zeigt, daß man sie als potentielle Bedrohung, zumindest als Problem sah. Eine häufig belegte Art, damit umzugehen, ist die Verweigerung der Aufenthaltserlaubnis. Die Strenge der Verordnungen und die Schärfe der Maßnahmen sind dabei unterschiedlich. Die inkriminierten Personen können unter bestimmten Umständen für eine gewisse Zeit (in der Regel eine Nacht) geduldet werden[29], sie können aber auch rigoros und ausnahmslos sofort ausgewiesen werden[30]. Die möglichen Sanktionen reichen von Vermahnungen und der Forderung bindender Zusagen, eine Gegend zu verlassen[31], über Inhaftierung[32] bis hin zur – offenbar präventiv gemeinten – Folter[33]; sie können sich (belegt nur in Form von Geldbußen) darüber hinaus auf diejenigen Personen erstrecken, die *zigeunern* Unterkunft gewähren oder sonst ihrem Aufenthalt an einem bestimmten Ort Vorschub leisten.[34] Betroffen von diesen Maßnahmen sind neben *zigeunern* in aller Regel auch andere soziale Gruppen: Häufig genannt werden *landsknecht*, *kessler* und *bettler*.[35]

Einige Textstellen, die grausame Mißhandlungen von *zigeunern* belegen, stammen aus einer literarischen Quelle. In Michel Beheims

Verserzählung vom Woiwoden Drakul werden *zigeuner* zum Kannibalismus gezwungen:

Er het ainen zigeiner | lassen vahen, der het gestoln | als dise mer waren erscholn, | kamen dy andern seiner | Genossen, dy zigeiner, her | und paten den Trakal, daz er | in den gevangen gebe. | Der Trakol sprach: 'daz mag nit gan. | er sol hangen, daz ist sein lan. | da wider niemen strebe!' | Sy sprachen: 'her, erhahen | ist von unser gewonhait nicht. | ob ainer yeman stilet icht, | daz sol niemen verschmahen, | Wann wir haben versigelt prieff | von romischen kaisern vil tieff, | das man uns nit sol henken.' | Nu merkend waz der Trakal tet! [...] | Disen Zigeiner ere | in aim kessel versieden liess, | dy andern Zigeiner er hiess | alsamen kumen here. | Dise Zigeiner musten in | verzeren und gancz essen hin | mit flaisch und äch gebaine.[36]

Hat die hier beschriebene Grausamkeit zumindest noch den Anschein eines Rechtsaktes – das Sieden bei lebendigem Leib erfolgt als «Ersatz» für die aus rechtlichen Gründen nicht mögliche Strafe des Hängens; es ist jedoch insofern offenbar als Willkürakt zu deuten, als die Kesselstrafe üblicherweise für Falschmünzern vorbehalten war (vgl. DRW 7, 783) –, so zeigt sich der wahre Charakter des Tyrannen an anderer Stelle umso deutlicher: Er vergreift sich an Leib und Leben, wenn es ihm gefällt, auch völlig ohne rechtlichen Vorwand:

Wol dreu hundert zigeiner in | des Trakale lant kamen hin. | nun hart von den getaten! | Der Trakol in der Walachei | nam ausser in dy besten drei | und liess dy selben praten, | Und dy andern zigeiner | müsten dis essen alle gar, | alsvil ir was in diser schar | peide, grosser und kleiner.[37]

Was an diesen Erzählungen historische Realität und was Fiktion ist, kann im einzelnen nicht geklärt werden. Hervorzuheben ist jedenfalls, daß sie innerhalb des FWB-Belegmaterials isoliert dastehen und schon unter diesem Aspekt nicht überinterpretiert werden dürfen. Darüber hinaus ist zu berücksichtigen, daß nicht ausschließlich *zigeuner* potentielle Opfer des Tyrannen Drakul sind. Seine Grausamkeit erstreckt sich ausnahmslos auf alle zu seinem Herrschaftsbereich gehörenden Menschen:

Den frawen hat er lassen | ire brustlein schneiden von ain, | den saugendigen kinden klain | ire haubt da durch stassen | Und liess sy spissen also zam. | den mutern er ir kindlein nam, | wol praten er dy hiesse, | Zu essen ers in dar nāch gab. | dann schneid | er in dy prüstlein ab, er die auch braten liesse. | Dy musten dy mann essen, | dar nāch liess er sy spissen drat. | etlich stiess er durch stämpfen tat. | ir etlich liess er pressen | Und aller hand menschen durch ain | man, weib, kind, junk, gross und klain | liess er seitlingen spissen. [...] | Das waren, als ich euch pedeut | allerhand menschen und auch leüt: | kristen, Reczen, Walachen, | Juden, haiden, Zigeiner äch.[38]

3. Auswertung des Befundes nach Maßgabe des *Frühneuhochdeutschen Wörterbuchs*

Als semantisches Wörterbuch erläutert das FWB in erster Linie die Bedeutung der verzeichneten Wörter. Daneben bietet es jedoch standardmäßig auch Angaben zu Wortfeldern (der aus den Belegen erkennbaren Menge bedeutungsverwandter, bisweilen auch im weiteren Sinne kontextspezifischer Wörter), Angaben zur Grammatik (Flexion, Wortbildung, Syntagmen) und Angaben zu Symptomwerten (raum-, zeit-und/oder textsortenspezifische Wortverwendungen); darüber hinaus Informationen über die hinter den Wörtern, den Texten, dem gesamten sprachlichen Handeln stehende historische Realität, also Sachinformationen jeder Art.

Jedem der genannten Informationstypen entspricht innerhalb des Wörterbuchartikels eine bestimmte Informationsposition. Diese Positionen, die in der *Lexikographischen Einleitung* zum *Frühneuhochdeutschen Wörterbuch* (Reichmann 1989) in allen Einzelheiten vorgestellt und wissenschaftlich begründet sind, dienen im vorliegenden Aufsatz als gegebener Rahmen der Darstellung, den es auf der Grundlage des vorhandenen Belegmaterials zu füllen gilt. Das lexikographische Vorgehen wird im folgenden für die wichtigsten Einzelpositionen und anhand einiger ausgewählter Belegbeispiele beschrieben; die Ausführungen können daher zugleich als strukturelle Erläuterung des unter 4 präsentierten Wörterbuchartikels *zigeuner* gelesen werden.

3.1. Lemma

Die erste Artikelposition im FWB-Artikel ist das Stichwort, unter dem ein sprachliches Zeichen im Wörterbuch behandelt wird: das Lemma. Diese Position ist im Zusammenhang frühneuhochdeutscher Lexikographie deswegen von Interesse, weil es in frühneuhochdeutscher Zeit noch keine einheitliche Rechtschreibung gibt, die Graphie vielmehr von Text zu Text (und auch innerhalb eines und desselben Textes) stark variieren kann. Der Lexikograph muß aus pragmatischen Gründen die verschiedenen »Vorkommensformen« (Reichmann 1989, 64) eines sprachlichen Zeichens in einem einzigen Wörterbuchartikel zusammenfassen. Welche Schreibform er dafür wählen soll – ob eine der belegten Formen oder eine konstruierte –, hängt von verschiedenen Faktoren ab. Die Herausgeber des FWB haben sich mit der Frage der Lemmatisierung eingehend beschäftigt und einen Regelkanon aufgestellt, um sie einheitlich zu gestalten. Angesetzt wird üblicherweise »eine Idealform [...], die insbesondere seit der Reformation vorwiegend im Ostmittel- und Ostoberdeutschen in den literatur- und bildungssprachlichen Textsorten der sozialkulturell bestimmenden Schreibergruppen, vor allem natürlich der bedeutenden Drucker hätte verwendet werden können« (Reichmann 1989, 65).

Für das *zigeuner*-Lexem sind die folgenden Schreibformen belegt (in alphabetischer Reihenfolge): *zegeunr, zegeiner, zegenier, zeginer, ziegeiner, ziegeuner, zigeiner, zigeuner, ziginer, zügeiner, züggeuner, zyeguner, zygener, zygeuner*. Als »ausgezeichnete Form« (Reichmann 1989, 65) im Sinne des FWB und damit als Lemma ist die Form *zigeuner* anzusetzen. Die anzuwendenden Lemmatisierungsregeln (vgl. Reichmann 1989, 71 f.) lauten wie folgt: Die Affrikata /ts/ erscheint anlautend als <z>, der Kurzvokal /i/[39] als <i>, der palatale Verschlußlaut /g/ als <g>, der Diphthong /eu/[40], da keine Umlautbildung vorliegt, als <eu>, der Nasal /n/ als <n>, der Kurzvokal /e/ als <e>, der Liquid /r/ als <r>.

3.2. Angaben zur Wortart und Morphologie

Das FWB gibt für jedes Wort an, zu welcher Wortart es gehört. Bei Substantiven wird anstelle der Wortart das Genus genannt, und zwar durch Angabe des Artikels:

FWB 2, 271:**astwerk**, *das*

Im Anschluß daran folgt eine Angabe zur Morphologie. Bei Substantiven werden standardmäßig Genitiv Singular und Nominativ Plural genannt; aus Platzgründen werden allerdings nur die Endungen angegeben. Ist eine Endung von der des Nominativs Singular nicht verschieden, so wird dies durch Angabe des sogenannten Null-Morphems (-Ø) gekennzeichnet:

FWB 2, 348:**aufbot**, *das*; *-(e)s/-Ø*.

Für das *zigeuner*-Lexem wären die relevanten Formen: *(des) zigeuners* und *(die) zigeuner*:

[zigeuner, *der*; *-s/-Ø*.]

Da allerdings die Genitiv-Singular-Form in den zur Verfügung stehenden Belegen nicht vorkommt, wird die entsprechende Position durch einen Halbgeviertstrich gefüllt:

zigeuner, *der*; *–/-Ø*.

3.3. Bedeutungsansatz und -erläuterung

Die Frage nach dem Bedeutungsansatz ist eine der zentralen Fragen bei Erstellung eines Artikels für ein semantisches Wörterbuch. Sie lautet: Soll ein Wort als monosem oder als polysem interpretiert werden? und wenn letzteres: Wieviele verschiedene Bedeutungen sollen angesetzt, und nach welchen Kriterien sollen sie unterschieden werden? – Am Fallbeispiel *zigeuner* kann die Problematik exemplarisch vorgeführt werden.

Nach Ausweis der Belege ist die Gruppe der als *zigeuner* bezeichneten Menschen primär sozial gefaßt. Sämtliche Kollektivbezeichnungen (*fremde menschen*[41], *loses verlaufenes gesindlein*[42], *unnütz gesindlein*[43], *unnütz verwegen gesind*[44], *verdächtige und argwönige personen*[45], *zusammengeklaubte rotte*[46]) weisen in diese Richtung. Die Möglichkeit, aus einigen Textstellen eine Auffassung der Gruppe als

Ethnie herauszulesen, ist nicht ganz auszuschließen (am ehesten könnte man die mehrfach wiedergegebenen Selbstaussagen der *zigeuner* bezüglich ihrer ägyptischen Herkunft in diese Richtung interpretieren). Es liegt jedoch kein einziger Beleg vor, aus dem diese Auffassung unzweifelhaft hervorgeht, ganz zu schweigen von Belegen, in denen sie explizit thematisiert wird. Vereinzelte Aussagen über dunkle Hautfarbe sind jedenfalls in diesem Zusammenhang nicht relevant; sie entsprechen alten Kennzeichnungskonventionen für Ausgegliederte. Der neuzeitliche «Rassenmerkmal»-Gedanke ist in den Belegen nicht zu finden. Vielmehr hat, wenn sie als *wetterfarben*[47] und *abgebräunt*[48] bezeichnet werden, die den *zigeunern* zugeschriebene dunkle Farbe nach zeitgenössischer Auffassung offensichtlich äußere Ursachen.

Die hier vorgetragenen Gründe haben die Verfasser dazu bewogen, das frühneuhochdeutsche Wort *zigeuner* als monosem zu interpretieren. Die einzige Bedeutung, die daher angegeben wird[49], lautet:

›Angehöriger einer in der Regel sozial, einigen wenigen Belegen auch tendenziell ethnisch gefaßten Minderheit‹.

Daß damit freilich noch sehr wenig über die frühneuzeitliche Sicht dieser Minderheit und ihre historische Realität ausgesagt ist, versteht sich angesichts der unter 2 zusammengestellten Informationen von selbst. Die Bedeutungsangabe ist erläuterungsbedürftig, und es gehört zweifellos zu den Stärken des FWB, daß solche Erläuterungen – gegebenenfalls auch sehr detaillierte – in diesem Wörterbuch von seiner Anlage her möglich sind:

›Angehöriger einer in der Regel sozial, in einigen wenigen Belegen auch tendenziell ethnisch gefaßten Minderheit‹, der folgende Charakteristika zugeschrieben werden: nichtseßhafte Lebensweise; verschiedenste, nicht gesellschaftskonforme, teils (klein)kriminelle Verhaltensweisen, z. B. Betteln, Stehlen, Lügen und Betrügen (meist zu derartigen Praktiken gerechnet, bisweilen aber auch als tatsächliche Fertigkeit gesehen und dann positiv konnotiert ist das Wahrsagen); dunkle Farbe (wobei aus den Belegen nicht deutlich wird, ob Haut- oder Haarfarbe gemeint ist); bunte, zerlumpte Kleidung. Selbstaussagen der *zigeuner* bezüglich ihrer Herkunft (in allen Belegen: Ägypten) werden in der Regel angezweifelt bzw. explizit als unwahr bezeichnet. – Das Wort- und Kontextfeld läßt vermuten, daß die Diskriminierung von *zigeunern* zumindest zum Teil in einer Abwehrhaltung gegenüber dem Fremden, Unsteten begründet ist; ein Schutzbedürfnis für das Eigentum spielt offenbar ebenfalls eine Rolle. In Rechtsquellen finden sich Verbote, *zigeuner* zu beherbergen (wobei die Schärfe der Sanktionen variiert); zudem wird die Schädigung des Gemeinwesens durch die *zigeuner* betont, wenn auch selten konkretisiert. In lit. Texten werden *zigeuner* bisweilen in der Eulenspiegel-Funktion dargestellt, indem sie durch ihr Wahrsagen menschliche Defizite aufdecken; andererseits erscheinen sie (zusammen mit Angehörigen anderer Minderheiten) in manchen lit. Texten als Opfer grausamer Mißhandlungen.

Hier sind auf knappem Raum sämtliche semantisch und kulturhistorisch interessanten Aspekte versammelt, die das Belegmaterial nach Interpretation der Verfasser eröffnet.

3.4. Angaben bedeutungsverwandter Wörter

Gestützt werden kann der Bedeutungsansatz durch Angaben zur kontextuellen Wortumgebung. Zu dieser gehören insbesondere bedeutungsverwandte und kontextcharakteristische Wörter. Betrachtet man, daß das Lexem *zigeuner* mehrfach in Reihungen wie *Von zegeinern, heerlosen, gartknechten, jüden und dergleichen*[50] oder *die landstraifer, landfahrer, keßler, spengler, bettler, landsknecht, zegenier und dergleichen unnütz verwegen gesind*[51] vorkommt, so erfährt die Auffassung, daß *zigeuner* nicht als ethnische, sondern als soziale Gruppe verstanden werden, eine zusätzliche Unterstützung. Ebenso wird erneut deutlich, daß sie ein sehr geringes Ansehen genießen und als gesellschaftliche Außenseiter behandelt werden; darüber hinaus tritt im Zusammenhang mit Wörtern wie *landstraifer* und *landfahrer* der semantische Aspekt der Nichtseßhaftigkeit, im Zusammenhang mit Wörtern wie *heerloser, gartknecht* und *landsknecht* (gemeint sind umherziehende Banden von herrenlosen Söldnern) der semantische Aspekt der potentiellen Gefährlichkeit zutage.

Hervorzuheben ist allerdings, daß die hier genannten Einheiten sämtlich nicht als geradezu synonym zu *zigeuner* gelten können. Sie gehören zwar unter den Aspekten des Herumziehens, der potentiellen Gefährlichkeit und der sozialen Verächtlichkeit in dieselbe Kategorie, weisen jedoch jeweils auch noch andere semantische Aspekte auf, was schon daran erkennbar ist, daß man das Wort *zigeuner* in den betreffenden Kontexten nicht durch sie ersetzen kann. Als bedeutungsverwandt (im Wörterbuch durch die Sigle *Bdv.* gekennzeichnet) sind nur zwei der belegten lexikalischen Einheiten zu deuten, nämlich *heide*[52] und *pharone*[53].

Untersucht man sämtliche Belege auf synonyme oder partiell synonyme Einheiten hin, so ergibt sich folgende Reihe:

Bdv.: *heide, pharone*; im Kontextfeld *(unbresthafter / starker) betler, bube, gartknecht, herloser, jude, kesler, krämer, landfarer, (gardender) landsknecht, landstreifer, (argwöniger) landstrichling, sondersiecher* ›Aussätziger‹, *spengler, spieler, streifer, unnüz verwegen gesind, umschweifend elend volk, verdächtige / müssig gehende argwönige personen.*

3.5. Angaben typischer Syntagmen

Als Syntagmen gelten im FWB Fügungen, in denen das zu untersuchende Wort in grammatisch-syntaktischen Zusammenhängen mit anderen, unter semantischem Aspekt interessanten Wörtern steht, z. B. Substantiv-Adjektiv-Verbindungen oder Verbalkomplexe. Solche Kollokationen und Prädikationen sind deshalb besonders aufschlußreich, weil sich an ihnen mehr noch als an den bedeutungsverwandten und kontextcharakteristischen Wörtern ablesen läßt, welche typischen Eigenschaften und Handlungen *zigeunern* zugeschrieben werden, und auch, wie man sie zu behandeln pflegt. An einem Beispiel:

Und als wir vornacher der arkhwenigen landtstrichling und besonder der zeginer halben, die us unser landtschaft zuwisen und niendert zu endthalten von des gemainen armen mans wegen angesehen habend, damit niemantz von denselbigen gelaidiget, geschädiget oder mit diebstahl angriffen werde.[54]

In diesem Textausschnitt erscheinen *zigeuner* als Objekt folgender Handlungen: man kann sie *enthalten* ›beherbergen‹ und *aus jemandes landschaft weisen*; als Subjekt erscheinen sie in den Fügungen *jemanden leidigen / schädigen / mit diebstal angreifen*. All diese Aussagen geben Aufschluß nicht nur über ein Stück sozialen bzw. Rechtsalltag der Zeit, sondern auch über einige Aspekte der Semantik des Wortes *zigeuner*: Man erfährt – einmal mehr –, daß *zigeuner* nicht ortsansässig sind (sie werden beherbergt), daß man sie nicht dulden will (sie werden ausgewiesen), weil ihnen vorgeworfen wird, daß sie stehlen und anderen Leuten Schaden zufügen.

Die Syntagmenangabe erfolgt im FWB in standardisierter Form (vgl. Reichmann 1989, 135 f.): Verben stehen im Infinitiv. Satzobligatorische Positionen werden durch verallgemeinernde Ausdrücke wie *j.* (für: *jemand*), *jm.* (für: *jemandem*), *jn.* (für: *jemanden*) angegeben. Das zu belegende Wort wird mit seinem Anfangsbuchstaben abgekürzt (hier: *z.*). – Untersucht man sämtliche Belege auf typische Syntagmen hin, so ergibt sich folgende Reihe:

Synt.: *j. z. (auf)enthalten / beherbergen / betreten / abweisen / hintanweisen / handhaben / einziehen / überantworten / gefänglich annemen / der oberkeit liefern, j. z. aus seiner landschaft weisen;* ⌜*das lose, verlaufene gesindlein, die z. (Subj.)*⌝ *einreisen, j. umziehen wie die z., z. (Subj.) durch die land hin und her ziehen / mit gewalt wo eindringen, z. (Subj.) jm. warsagen / jn. bescheissen / leidigen / schädigen / mit diebstal angreifen;* ⌜*der z. wesen und praktik (Subj.)*⌝ *bubenwerk und verräterei sein; j. mit den z. faren,* ⌜*j. schwarz, einem z. gleich sein*⌝.

3.6. Angaben zur Wortbildung

Im Anschluß an die Syntagmenangaben genannt und durch die Sigle *Wbg.* eingeleitet werden im FWB typische Wortbildungen, die das Lemmazeichen (das im Artikel behandelte Wort) eingehen kann. Auch diese können semantisch aufschlußreich sein und zur Erläuterung der Bedeutung beitragen bzw. diese stützen – so beispielsweise, wenn in einem zeitgenössischen Wörterbuch[55] das Wort *zigeunerkunst* durch frz. *chiromantie* bzw. lat. *chiromantia* übersetzt wird.

Allerdings ist hier das Material weit weniger ergiebig als hinsichtlich der bedeutungsverwandten und kontextcharakteristischen Wörter und hinsichtlich der Syntagmen. Belegt sind – jeweils nur einmal – lediglich die folgenden Wortbildungen (in alphabetischer Reihenfolge): *zigeunerei, zigeunergraf, zigeunerin, zigeunerkunst* ›Chiromantie‹, *zigeunisch.*

3.7. Belegauswahl und Belegschnitt

Die Angabe von Belegen hat im FWB zwei Funktionen: eine »wissenschaftskommunikative« (Reichmann 1989, 146), in der sie dazu dienen, die Aussagen und Erläuterungen des Lexikographen nachvollziehbar und überprüfbar zu machen, und eine »›normal‹kommunikative« (ebd.), in der sie dazu dienen, dem Wörterbuchbenutzer Material an die Hand zu geben, aus dem er auch unabhängig von der »kognitive[n] Steuerung« durch den Lexikographen (ebd.) und gleichsam unmittelbar etwas über die ihn interessierende Wortverwendung bzw. ganz allgemein über die sprachliche Realität des Frühneuhochdeutschen erfahren kann. Hinzu kommt, daß die Belege letztlich immer noch mehr an Informationen bieten, als mit dem Instrument auch der ausgefeiltesten Artikelstrukturen aus ihnen herausgezogen werden kann. Informationspositionen wie Bedeutungserläuterung, Angabe bedeutungsverwandter Wörter und Angabe von Syntagmen sind, um überhaupt leisten zu können, was sie sollen (nämlich aspektbezogene Synopsen), immer Abstraktionen von der konkreten sprachlichen Realität der Kontexte, und die Stärke der Abstraktion, die Erhebung über das Detail, ist hier zugleich auch ihre Schwäche: Verlust desselben.[56]

Die Schlußfolgerung, die sich daraus ableiten läßt, lautet: Der Lexikograph darf, was die Anzahl und auch den Umfang der Belegzitate angeht, eher großzügig sein, sofern es ohne Red- und Abundanzen geschehen kann. Auch wenn es aus schlichten Umfangsgründen immer wieder notwendig ist, die Belegverliebtheit nicht überhandnehmen zu lassen: Es erscheint doch gerade bei kulturhistorisch (oder, wie im Fall von *zigeuner*, auch aus aktuellem politischem Gesichtspunkt) interessanten Wörtern gerechtfertigt, mehr an Belegmaterial zu präsentieren und damit dem Benutzer die Möglichkeit zu eigenen Erkenntnissen und Folgerungen zu geben. Den dafür benötigten Platz kann man zur Not in anderen Artikeln wieder einsparen: Aufgabe eines Wörterbuches ist es ja nicht, alle Einheiten des Wortschatzes lexikographisch über den selben Kamm zu scheren, sondern in ihrer Behandlung und auch Gewichtung mutmaßlichen Interessen seiner mutmaßlichen Benutzer entgegenzukommen.

Gleichwohl kann selbstverständlich nicht jeder Beleg zitiert werden, und so stellt sich die Frage der Auswahl. Diese Frage wurde von den Verfassern nach folgenden Kriterien beantwortet:

a) Zitiert wurden diejenigen Belege, die für die Stützung der Bedeutungserläuterung am besten geeignet waren; die Gesamtheit der herausgearbeiteten semantischen Aspekte sollte sich in der Gesamtheit der zitierten Belege widerspiegeln.

b) Vorzugsweise zitiert wurden Belege, die ein größeres Quantum von Informationen enthielten.

c) Lagen zwei oder mehrere vom Wortlaut her ähnliche Belege vor, so wurde nur einer davon zitiert – wenn möglich einer, der das Belegspektrum unter Raum- und Zeitaspekt erweiterte.

d) Nicht zitiert wurde ein mißverständlicher Beleg, der seitens potentieller Wörterbuchbenutzer zu falschen Schlüssen hinsichtlich der Wortsemantik hätte führen können:

Der Trakal sprach: 'also must nun | yeder den andern essen, | fun dem mynsten bis zum maisten, | Pis ir alsament gessen seit, | es sei denn daz ir auff dy zeit | mein willen wellent laisten | Und zihen an dy Türken.' | da sprachen sy: 'gnediger Herr, | dy rais sol uns nit sein zu verr, | deins willen well wir wurken.' | Da fur er zu und nam küheut, | da mit klaidet er rass und leut | der zigeiner alsamen | Und liess sy allso reiten hin. | Als dy rass diser haiden | erharten das geradel und | sahen dy kuheut auff der stund | an ross und menschen paiden, | Da schauchtens und fluhen vor in.[57]

Angesichts der jüngeren Geschichte, genauer gesagt des rassenwahnsinnigen Genozids, ist es nicht weiter verwunderlich, daß der Leser (und auch der Lexikograph ist beim Auswerten seiner Belege ein solcher) sofort aufmerksam wird, wenn er in unmittelbarem Zusammenhang mit dem Wort *zigeuner* das Wort *rass* findet. Da man nicht allein nur sieht, was man weiß, sondern auf besondere Art sieht, wofür man sensibel ist, läge es nahe, die beiden Wörter *rass* und *leut* als Synonyme zu deuten und dann zu folgern, die Auffassung von den *zigeunern* als «Rasse» sei auch schon im 15. Jahrhundert belegt. Diese Deutung und Folgerung wäre jedoch völlig verfehlt. Das Wort *rass* heißt hier nicht ›Rasse‹, sondern ›Rosse‹: Der Text verwendet die Buchstaben *a* und *o* als freie Varianten, wie sich nicht nur an den verschiedenen Schreibungen des Namens *Trakal/Trakol*, sondern auch an dem Wort *rass/ross* selbst zeigt: *Als dy rass diser haiden | [...] sahen dy kuheut [...] an ross und menschen paiden, | Da schauchtens und fluhen vor in.*

Prinzipiell ist es natürlich fraglich, ob ein Lexikograph Belege, die er mißverständlich findet, einfach wegfallen lassen und damit seinem Wörterbuchbenutzer eigenes Denken und eigene Interpretationsentscheidungen abnehmen darf. Die Grenze zwischen lexikographischer Verantwortung eines besseren Wissens und ideologischer Indoktrination ist ohne Zweifel weit offen. Wie er in dieser Frage verfahren, wie aufrichtig er bekennen will, daß seine Interpretation, auf wie gutem Wissen auch immer beruhend, lediglich ein Angebot, eine *Möglichkeit* des Verstehens sein kann, muß letztlich jeder Lexikograph für sich entscheiden. Denkbar wäre es ja immerhin auch, Belege mit erläuternden Zusätzen versehen zu zitieren, die dem Benutzer zwar eine bestimmte Interpretation vorschlagen bzw. plausibel zu machen versuchen, ihm aber trotzdem prinzipiell eine eigene Meinung erlauben:

Da fur er zu und nam küheut, | da mit klaidet er rass [›Rosse‹] und leut | der zigeiner alsamen | Und liess sy also reiten hin.

In diesem speziellen Fall gab den Ausschlag, den Beleg nicht zu zitieren, die Überlegung, daß er semantisch nur dann aussagekräftig gewesen wäre, wenn er im Zusammenhang mit *zigeuner* tatsächlich das Wort *Rasse* belegt hätte; in diesem Fall hätten wir ihn nicht nur zitiert, sondern ihn wahrscheinlich sogar zum Anlaß für einen zweiten Bedeutungsansatz genommen.

Nach der prinzipiellen Frage der Belegauswahl stellt sich für die ausgewählten Belege die Frage, wie man sie schneiden soll, anders gesagt, welche Textteile im Wörterbuch zitiert werden sollen und welche nicht. Wiegand (1993 [1994], 246 ff.) unterscheidet zwei Möglichkeiten des Belegschnittes: einen sogenannten äußeren und einen sogenannten inneren Belegschnitt. Ein äußerer Belegschnitt liegt vor, wenn zum Zweck des Belegzitats – vereinfacht gesagt – Textteile vor und/oder nach dem zu zitierenden Textstück weggelassen werden; ein innerer Belegschnitt liegt vor, wenn innerhalb des zu zitierenden Textstücks etwas ausgelassen wird.

Zu bemerken ist dazu, daß ein Belegschnitt (in der Regel ein äußerer) auch schon beim Exzerptionsvorgang erfolgt, so daß der mit den

Exzerpten arbeitende Lexikograph immer nur einen Textausschnitt vor sich hat. Dieser ist im Normalfall jedoch größer, als es für eine Belegzitat im Artikel nötig wäre, da eine Aufgabe der Exzerptoren darin besteht, dem Lexikographen (in gegebenem Rahmen) möglichst viel an Information zur Verfügung zu stellen; in den meisten Fällen ist daher ein zweiter, vom Lexikographen vorzunehmender Belegschnitt erforderlich.

Unter Umständen kann der Lexikograph jedoch auch gezwungen sein, einen weiteren Belegschnitt zu wählen, insbesondere dann, wenn die vom Exzerptor gewählten Belegausschnitte nicht »kohäsiv gesättigt« (Wiegand 1993 [1994], 248) sind, d. h. wenn sie beispielsweise Pronomina aufweisen, deren Bezugswort dem Belegschnitt zum Opfer gefallen ist. Im *zigeuner*-Material fand sich beispielsweise dieser Beleg:

GILLE u. a., M. Beheim 99, 369 ff. (nobd., 2. H. 15. Jh.): *als dise mer waren erscholn, | kamen dy andern seiner | Genossen, dy zigeiner, her | und paten den Trakal, daz er | in den gevangen gebe. | Der Trakol sprach: 'daz mag nit gan. | er sol hangen, daz ist sein lan | da wider niemen strebe!' | Sy sprachen: 'her, erhahen | ist von unser gewonhait nicht. ob ainer yeman stilet icht, | daz sol niemen verschmahen, | Wann wir haben versigelt prieff | von romischen kaisern vil tieff, | das man uns nit sol henken.' | Nu merkend waz der Trakal tet! | er machet nit vil wart noch ret. | hort van selczemen klenken. | Disen Zigeiner ere | in aim kessel versieden liess, | dy andern Zigeiner er hiess | alsamen kumen here. | Dise Zigeiner musten in | verzeren und gancz essen hin | mit flaisch und äch gebaine. | Nun harent, waz er mer pegan. | ain erberer und frummer man | was zu im kumen haine. | Der vand in an der stete | pei den dy er gespisset hät. | er gieng under in umb und schaut, | als er gewunhait hete.*

Hier interessiert noch nicht die Tatsache, daß dieser Beleg an verschiedenen Stellen kürzbar ist (vgl. unten), sondern diejenige, daß er am Anfang die Pronomina *di(e)se* und *sein()* beinhaltet. Der Bearbeiter fragt sich: Um welche *mer(en)* handelt es sich, und von was für einem *gefangen(en)* – als dessen *Genossen* immerhin die *zigeiner* bezeichnet werden – ist die Rede? Er sucht die Quelle (was, wenn er sich nicht zufällig gerade in der FWB-Arbeitsstelle befindet, in der das Korpus zur Hand ist, mit einem gewissen Aufwand verbunden sein kann), schlägt nach und findet folgendes:

Er het ainen zigeiner | lassen vahen, der het gestoln. | als dise mer waren erscholn, | kamen dy andern seiner | Genossen, dy zigeiner, her | und paten den Trakal, daz er | in den gevangen gebe. [usw.]

Auch hier stellt sich wieder das Problem der anaphorischen Referenz – wer ist *er*? –, das aber hier durch einen noch weiter gewählten Belegschnitt zu beheben nicht sinnvoll ist, da das Referenzwort mehrere Strophen weiter vorne genannt ist. Statt dessen empfiehlt sich ein kommentierender Zusatz:

Er [Trakal] het ainen zigeiner lassen vahen, der het gestoln. [usw.]

Nachdem der Beleg auf diese Weise erweitert und durch einen Kommentar kohäsiv gesättigt und damit noch länger gemacht wurde, als er ohnehin schon war, stellt sich die Aufgabe, ihn an anderer Stelle zu kürzen. Dafür bieten sich alle die Passagen an, die weder zum unmittelbaren Verständnis der Stelle beitragen noch unter kulturhistorischem Aspekt interessante Informationen enthalten (wie beispielsweise die, daß die *zigeuner* über kaiserliche Freibriefe verfügen). Konkret sind dies nach unserer Auffassung die folgenden:

GILLE u. a., M. Beheim 99, 369 ff. (nobd., 2. H. 15. Jh.): *als dise mer waren erscholn, | kamen dy andern seiner | Genossen, dy zigeiner, her | und paten den Trakal, daz er | in den gevangen gebe. | Der Trakol sprach: 'daz mag nit gan. | er sol hangen, daz ist sein lan | ~~da wider niemen strebe!~~' | Sy sprachen: 'her, erhahen | ist von unser gewonhait nicht. ob ainer yeman stilet icht, | daz sol niemen verschmahen, | Wann wir haben versigelt prieff | von romischen kaisern vil tieff, | das man uns nit sol henken.' | Nu merkend waz der Trakal tet! | ~~er machet nit vil wart noch ret. hort van selczemen klenken.~~ | Disen Zigeiner ere | in aim kessel versieden liess, | dy andern Zigeiner er hiess | alsamen kumen here. | Dise Zigeiner musten in | verzeren und gancz essen hin | mit flaisch und ăch gebaine. | ~~Nun harent, waz er mer pegan. | ain erberer und frummer | man was zu im kumen haine. | Der vand in an der stete | pei den dy er gespisset hät. | er gieng under in umb und schaut, | als er gewunhait hete.~~*

Nach Durchführung dieser Schnitte ist unserer Ansicht nach ein optimales Verhältnis von dokumentierter Information und Länge des Beleges erreicht. Der Tatsache, daß er absolut gesehen immer noch länger ist, als es die Umfangsbeschränkungen des FWB eigentlich erlauben, wird dadurch Rechnung zu tragen versucht, daß andere, besser dazu geeignete Belege enger geschnitten werden. Auch hier einige Beispiele:

SACHS 14, 29, 21 (Nürnb. 1536): ~~Die pewrin spricht:~~ | ~~Mein man,~~ ich wil ein pfenning wagen, | Den zigeiner mir war lohn sagen. | ~~Kan er mir sagen mein planeten?~~

EBD. 211, 25 (1552): ~~Hört, jungfraw Eva, vor zwey tagen,~~ | ~~Da hab ich am marck hören sagen,~~ | ~~Ihr wolt zum mann den jüngling nemen.~~ | ~~Ey, wolt ir euch sollichs nit schemen?~~ | ~~Ey, wie möcht ir haben lieb!~~ | Er [jüngling] ist ~~dür, man zelt im sein rieb,~~ | ~~Und~~ schwartz, einem ziegeiner gleich, | ~~Und rößlet wie ein todte leych.~~

3.8. Angaben typischer Symptomwerte

Als Symptomwert eines Wortes wird die Tatsache bezeichnet, daß seine Verwendung einem bestimmten Raum, einer bestimmten Zeit oder einer bestimmten Textsorte zugeordnet werden kann (womit nur die für das FWB wichtigsten Aspekte benannt sind; weitere wären: soziale Schicht oder Gruppe, Redesituation). Standardmäßig angegeben werden im FWB pro Einzelbeleg (soweit für die betreffende Quelle möglich) Raum und Zeit. Eine Textsortenangabe wird aus Platzgründen unterlassen; sie kann, sofern sie nicht bereits aus dem Kurztitel hervorgeht[58], im Quellenverzeichnis im ersten Band des FWB nachgeschlagen werden.

Faßt man Raum-, Zeit- und Textsortenangaben zu sämtlichen Belegen zusammen, so ergibt sich folgendes Bild: Die Belege stammen ausschließlich aus dem oberdeutschen Raum (ein Befund, der das unter 1.2 zur regionalen onomasiologischen Varianz Gesagte bestätigt); sie treten vereinzelt ab der zweiten Hälfte des 15. Jahrhunderts auf, stammen aber vorwiegend aus dem 16. und 17. Jh.; sie finden sich hauptsächlich in Rechtstexten und literarischen Texten, vereinzelt in Chroniken und Wörterbüchern. – Diese Angaben erscheinen im Wörterbuchartikel, da sie sich auf die ausdrucksseitige Verwendung des Wortes beziehen, noch vor der eigentlichen Bedeutungserläuterung, gleich im Anschluß an die Angaben zur Wortart und zur Morphologie:

zigeuner, der; –/-Ø. Belege ausschließlich obd., vereinzelt ab 2. H. 15. Jh. (vorw. 16./17. Jh.), hauptsächl. in Rechtstexten und lit. Texten, vereinzelt in Chroniken und Wörterbüchern.

3.9. Literaturhinweise

Literaturhinweise sind im FWB grundsätzlich zu jeder Position möglich; sie können zum einen dazu dienen, bestimmte Aussagen, z. B. Sacherläuterungen, überprüfbar zu machen, zum anderen dazu, dem Wörterbuchbenutzer weitere Informationsquellen zu erschließen, die aus Platzgründen im Wörterbuch selbst nicht intensiver genutzt werden können.

Im gegenwärtigen Zusammenhang ersetzt ein im Anschluß an die allgemeinen Symptomwertangaben erscheinender Literaturverweis auf Wolfgang Pfeifers *Etymologisches Wörterbuch des Deutschen* eine ausführlichere Erläuterung zur Etymologie und Wortgeschichte:

zigeuner, *der*; –/-Ø. Belege ausschließlich obd., vereinzelt ab 2. H. 15. Jh. (vorw. 16./17. Jh.), hauptsächl. in Rechtstexten und lit. Texten, vereinzelt in Chroniken und Wörterbüchern. – Zur Etymologie und Wortgeschichte vgl. Pfeifer, Etym. Wb. 3, 2030/1.

Bei Pfeifer ist s. v. *Zigeuner* folgendes nachzulesen:

»**Zigeuner** m. Angehöriger eines ursprünglich nomadisierenden, über viele Länder verstreut lebenden indoeuropäischen Volkes, das etwa im 10. Jh. aus Nordindien ausgewandert ist, in Gruppen vor allem auf dem Wege über den Iran, Armenien und die Balkanländer, teilweise wohl auch über Syrien, Nordafrika und Spanien nach Europa gelangt und Anfang des 15. Jhs. (urkundlich zuerst 1417 nachweisbar) dt. Boden betritt. Der mit Selbstbezeichnungen wie zigeunerisch *sinto* (meist *sinti, sindhi* Plur.), auch *rom* (eigentl. 'Mann, Gatte'), *manusch* (eigentl. 'Mensch, Mann') nicht in Zusammenhang stehende dt. Name findet sich in seiner heute üblichen Lautgestalt schon in den frühesten hd. Zeugnissen als frühnhd. (bair.) *Zigeuner* (1418), *Cigäwnär* (1. Hälfte 15. Jh.). Der Diphthong der zweiten Silbe dieser Form setzt einen Tonvokal *-u-* (umgelautet *-ü-*) voraus, der auch in frühnhd. (westmd.) *Ziguner*, mnd. *sĕgŭner* (beide 15. Jh.) begegnet, aber noch der Erklärung entbehrt. Daneben stehen Varianten wie frühnhd. (schweiz.) *Ziginer* (15. Jh., mit Entrundung des *-ü-*, vielleicht begünstigt durch Anklang an frühnhd. *Sarraciner* 'Sarazene, Heide', das in der Schweiz zunächst gleichfalls Benennung für diese umherziehenden fremdartigen Menschen ist), (obd.) *Zingyner* (16. Jh.) und in verschiedenen Landschaften bis ins 18. Jh. verbreitetes *Zigäner*, auch umlautlos *Ziganer* (vgl. mnd. *sigēner*, vereinzelt *sigāner*), sämtlich mit der im Dt. für Stammesnamen gebräuchlichen Endung *-er*. Die Form mit dem Tonvokal *-a-* schließt sich an mnd. *sekāne*

'Zigeuner' (15. Jh., vgl. mlat. *secanus, sechanus*) an, das seinerseits Entlehnung aus dem Slaw. ist und Herkunft des Ausdrucks aus dem südosteuropäischen Raum erkennen läßt [...]. Zugrunde liegt wohl das (in ital. *zingaro*, älter auch *zingano* ebenfalls fortlebende) gleichbed. mgriech. *tsínganos* (τσίγγανος), älter *atsínganos* (ἀτσίγγανος, latinisiert mlat. *acinganus*), das wahrscheinlich auf mgriech. *Athínganoi* (Ἀθίγγανοι) Plur., den Namen einer ketzerischen Sekte in Phrygien und Lykaonien (erwähnt seit Anfang 9. Jh.) zurückzuführen ist; dieser wurde möglicherweise auf die durch Kleinasien ziehenden, gleichermaßen verabscheuten Zigeuner übertragen.« (PFEIFER, Etym. Wb. 3, 2030 f.)

Es zeigt sich, daß ein Literaturverweis hier unbedingt sinnvoll ist, da die aus dem Belegmaterial des FWB zu gewinnenden Informationen eine nicht unwesentliche Ergänzung erfahren. Man findet nicht nur die eigentlich gesuchten Erläuterungen zur Etymologie und Wortgeschichte, sondern darüber hinaus Hinweise auf Belege aus anderen Dialektgebieten (westmitteldeutsch) sowie auf ältere Belege (1418; 1. Hälfte 15. Jh.), auf weitere Schreibformen (*cigäwnär, zigäner, ziganer, ziguner, zingyner*) und auf ein weiteres Synonym (*sarraciner*). Zumindest letzteres könnte zum Anlaß genommen werden, das betreffende FWB-Belegmaterial durchzusehen (was sinnvoll allerdings erst zu leisten ist, wenn die Exzerpte der *s*-Strecke alphabetisch sortiert vorliegen). Finden sich *sarraziner*-Belege mit entsprechender Bedeutung, so kann im Artikel *zigeuner* unter der Sigle *Bdv.* darauf verwiesen werden:

Bdv.: *heide, pharone*; vgl. *sarraziner*.

4. Ergebnis: Ein Wörterbuchartikel *zigeuner*

Ergebnis des unter 3 beschriebenen Vorgehens: Durchlaufen der vorgegebenen Artikelpositionen sowie deren auf interpretativer Abstraktion vom konkreten Belegmaterial beruhende Füllung, ist ein Wörterbuchartikel *zigeuner*, wie er (mit geringfügigen formalen Modifikationen, auf die hier nicht weiter eingegangen werden muß) in einigen Jahren im Frühneuhochdeutschen Wörterbuch erscheinen könnte. Daß diese Aussage im Konjunktiv steht, erklärt sich durch die Tatsache, daß jede der getroffenen und erläuterten lexikographischen Entscheidungen – vom Bedeutungsansatz (Entscheidung für eine oder mehrere Bedeutungen) über die Bedeutungserläuterung bis hin zur Belegauswahl und zum Belegschnitt – auf persönlichem Abwägen beruht und daher ebensogut auch anders fallen könnte. Die Arbeit des Lexikographen ist, wie sich zeigte, philologisch-hermeneutischer Natur: Interpretation von Texten, und Interpretation hat stets eine subjektive Komponente. Wenn daher im Anschluß ein Wörterbuchartikel *zigeuner* präsentiert wird, so nur mit der folgenden Einschränkung: Er ist in dieser Form im FWB *möglich*; die selben Artikelpositionen könnten mit dem selben Belegmaterial auch anders gefüllt werden.

zigeuner, *der*; –/–. Belege ausschließlich obd., vereinzelt ab 2. H. 15. Jh. (vorw. 16./17. Jh.), hauptsächl. in Rechtstexten und lit. Texten, vereinzelt in Chroniken und Wörterbüchern. – Zur Etymologie und Wortgeschichte vgl. Pfeifer, Etym. Wb. 3, 2030/1.

›Angehöriger einer in der Regel sozial, in einigen wenigen Belegen auch tendenziell ethnisch gefaßten Minderheit‹, der folgende Charakteristika zugeschrieben werden: nichtseßhafte Lebensweise; verschiedenste, nicht gesellschaftskonforme, teils (klein)kriminelle Verhaltensweisen, z. B. Betteln, Stehlen, Lügen und Betrügen (meist zu derartigen Praktiken gerechnet, bisweilen aber auch als tatsächliche Fertigkeit gesehen und dann positiv konnotiert ist das Wahrsagen); dunkle Farbe (wobei aus den Belegen nicht deutlich wird, ob Haut- oder Haarfarbe gemeint ist); bunte Kleidung; Nichtzugehörigkeit zum christlichen Glauben. Selbstaussagen der *zigeuner* bezüglich ihrer Herkunft (in allen Belegen: Ägypten) werden in der Regel angezweifelt bzw. explizit als unwahr bezeichnet. – Das Wort- und Kontextfeld läßt vermuten, daß die Diskriminierung von *zigeunern* zumindest zum Teil in einer Abwehrhaltung gegenüber dem Fremden, Nichtseßhaften begründet ist; ein Schutzbedürfnis für das Eigentum spielt offenbar ebenfalls eine Rolle. In Rechtsquellen finden sich Verbote, *zigeuner* zu beherbergen (wobei die Schärfe der Sanktionen variiert); zudem wird die Schädigung des Gemeinwesens durch die *zigeuner* betont, wenn auch selten konkretisiert. In lit. Texten werden *zigeuner* bisweilen in der Eulenspiegel-Funktion dargestellt, indem sie durch ihr Wahrsagen menschliche Defizite aufdecken; andererseits erscheinen sie (zusammen mit Angehörigen anderer Minderheiten) in manchen lit. Texten als Opfer grausamer Mißhandlungen.

Bdv.: *heide, pharone*; im Kontextfeld *(unbresthafter / starker) betler, bube, gartknecht, herloser, jude, kesler, krämer, landfarer, (gardender) landsknecht, landstreifer, (argwöniger) landstrichling, sondersiecher* ›Aussätziger‹, *spengler, spieler, streifer, unnüz verwegen gesind, umschweifend elend volk, verdächtige / müssig gehende argwönige personen.* – **Synt.**: *j. z. (auf)enthalten / beherbergen / betreten / abweisen / hintanweisen / handhaben / einziehen / überantworten / gefänglich annemen / der oberkeit liefern, j. z. aus seiner landschaft weisen; das lose, verlaufene gesindlein, die z. (Subj.) einreisen, j. umziehen wie die z., z. (Subj.) durch die land hin und her ziehen / mit gewalt wo eindringen, z. (Subj.) jm. warsagen / jn. bescheissen / leidigen / schädigen / mit diebstal angreifen; der z. wesen und praktik (Subj.) bubenwerk und verräterei sein; j. mit den z. faren, j. schwarz, einem z. gleich sein*. – **Wbg.**: *zigeunerei, zigeunergraf, zigeunerin, zigeunerisch, zigeunerkunst* ›Chiromantie‹, *zigeunern*.

G<small>ILLE</small> u. a., M. Beheim 99, 369 ff. (nobd., 2. H. 15. Jh.): *Er het ainen zigeiner | lassen vahen, der het gestoln. | als dise mer waren erscholn, | kamen dy andern seiner | Genossen, dy zigeiner, her | und paten den Trakal, daz er | in den gevangen gebe. | Der Trakol sprach: 'daz mag nit gan. | er sol hangen, daz ist sein lan [...]!' Sy sprachen: 'her, erhahen | ist von unser gewonhait nicht. | ob ainer yeman stilet icht, | daz sol niemen verschmahen, | Wann wir haben versigelt prieff | von romischen kaisern vil tieff, | das man uns nit sol henken.' | Nu merkend waz der Trakal tet! [...] Disen Zigeiner ere | in aim kessel versieden liess, | dy andern Zigeiner er hiess | alsamen kumen here. | Dise Zigeiner musten in | verzeren und gancz essen hin | mit flaisch und äch gebaine.* S<small>ACHS</small> 14, 29, 3 (Nürnb. 1536): *Der ziegeiner gehet ein. Die magt zeigt auff ihn und spricht: | Schaw, liebe fraw, wer kumbt dort rein? | Sol wol der teuffel selber sein?* E<small>BD</small>. 29, 21 (1536): *Mein man, ich wil ein pfenning wagen, | Den zigeiner mir war lohn sagen.* E<small>BD</small>. 211, 25 (1552): *Er [jüngling] ist [...] schwartz, einem ziegeiner gleich.* E<small>BD</small>. 15, 71, 33 (1553): *Wie die zigeuner wir umbziehen.* E<small>BD</small>. 17, 293, 13 u. 15 (1562): *Weiß doch nicht, ob mir war und recht | Der zigeuner hat zugesagt, | Weil iederman sonst ob in klagt, | Wie all zigeuner ligen gern.* v. K<small>ELLER</small>, Ayrer. Dramen 2633, 9 (Nürnb. 1610/8): *Gab mich für ein Zigeiner auß | Vnd bettelt rumm von Hauß zu Hauß. | Vnd weil ich vor jhr Glegenheit west, | Kund ich in Wahrsagen auffs best. | Davon bekam ich Gelt vnd Brot.* H<small>ARSDOERFFER</small>. Trichter 3, 501, 1 (Nürnb. 1653): *Züngeiner. Die zerlumpte / unbeständige / betrügerische / verlogne / buntbekleidte / wetterfarbe / abgebräunte / nirgend wohnhaffte Rott / der Bauren Last / die sich Egypten rühmen / da sie nie sind gewesen.* S<small>UDHOFF</small>, Paracelsus 13, 376, 5 (o. J.):

chiromantia ist ein geringe, leichte kunst zu lernen, doch aber hoch nüzlich und löblich und mags ein ieglicher grober bauer lernen, der keinen buchstaben lesen kan, und in Aegypten noch ein gemeine, wolbekannte kunst und bei allen Zigeinern in gutem wissen. BOLTE, Pauli. Schimpf u. Ernst 1, 228, 13 (Straßb. 1522): *Es gieng uf einmal ein tütscher Walch und ein Zigeiner oder ein Heid, wie man sie dan nent, über Feld und kamen in einen Walt.* SCHIB, H. Stockar 160, 5 (halem., 1520/9): *Uff dye zitt komand zyeguner har, und dye fye(n)g man, wyb und kinder und dy mian, und fürt uff ratthus, und mardaratt myan ubel und lyes sy dan wyder gon und verbott inen das land.* MÜLLER, Alte Landsch. St. Gallen 80, 13 (halem., 1543): *Und als wir vornacher der arkhwenigen landtstrichling und besonder der zeginer halben, die us unser landtschaft zuwisen und niendert zu endthalten von des gemainen armen mans wegen angesehen habend, damit niemantz von denselbigen gelaidiget, geschädiget oder mit diebstahl angriffen werde.* DERS., Lands. St. Gallen 80, 21 u. 24 (halem., 1543): *Das hinfüro niemandtz in unsern hohen und nidern gerichten die ziginer, es sige wyb oder man, jung oder alt, weder in husern, städeln, speichern noch uf dem veld weder husen, hofen noch endthalten solle. Dann wellicher das thät, der soll zu gesetzter buß von yeder person, sovil er deren zeginer behalten hat, ain pfund pfening ze buß geben. Und was also biderben lüten durch sie gestolen ald abtragen were, sollend die so si beherbergen auch zubezalen schuldig sein.* DICT. GERM.-GALL.-LAT. 677 (Genf 1636): *ziegeuner / m. Les Allemans nomment ainsi ceux qui courent le pays, se disans Egyptiens & faisans estat de predire aux gens leur aduenture. Ægyptius.* WINTTERLIN, Würt. Ländl. Rechtsqu. 1, 737, 17 u. 18 (schwäb., 1558): *Von zegeinern, heerlosen, gartknechten, jüden und dergleichen. Als auch das loße, verloffene gesindlein die zegeyner mehrfaltig eingeriessen, mit irem wahrsagen und dergleichen fantaseyen vill betriegen, das ihrieg arglistiger weys abbiegen und entwehnen, derwegen furthin der keiner [...] in der herschaft nit geduldt, keins wegs uffenthalten noch beherbergt, sondern allerdings hindan und abgewiesen, im fahl sich sie aber wiedersetzen und mit gewalt eintringen wolten, dieselbigen gleichbalt gefenglich angenohmen und eingezogen [...] werden solle.* GEHRING, Würt. Ländl. Rechtsqu. 3, 37, 39 (schwäb., 1574): *Item so ist auch meniglichem wissend, das der zigeiner und etlicher landstraifer wesen und practick lauter buobenwerck und verräterey, welchs dem Teutschlandt und jederman vil unrats, unglücks und ubels mitgebracht.* EBD. 70, 7 (schwäb., 1650): *Da sich zigeiner sehen lissen, sollen sie gleich fortgewisen [...] werden.* EBD. 424, 35 (schwäb., 1600): *Wür wellen auch hiermit verbotten haben [...], daß niemands frembder, so uns nit zuegehörig, besonders aber die landstraifer, landfarer, keßler, spengler, bettler, landsknecht, zegenier und dergleichen unnütz verwegen gesind weder umb zins noch umb sonst fürters nit mehr [...], so tags kommen und wol weiter passieren künden, beher-*

bergt werden sollen, da sie aber am abend ohnargwönig kommen möchten und nit noch weiter gehn kunten, mag man sie über nacht, aber nit lenger [...] beherbergen. TURMAIR 5, 572, 30 (moobd., 1522/33): *Diser zeit* [um 1439] *sein am ersten die zigeiner in diese land* [Herzogtum Bayern] *komen [...], sein die ganz christenhait auszogen. Haben ausgeben, si sein aus Egipten, müessen ausziehen [...]. Haben sich mit stelen zaubern warsagen genert, sein lauter pueben, ein zesamclaubete rot aus der gränitz Ungern und der Türkei. Wissentlich ist, das es verräter der Türken sein, wie auch auf etlichn reichstägen kaiserlich landpot wider si ausgangen sein. Noch ist die welt so blint, will betrogen sein, maint, si sein heilig, wer in laids tue hab kein glück, läst si sauber stelen liegen triegen, in mancherlai weis alle leut becheissen und durch die land hin und her ziehen. Bei uns ist das stelen rauben bei henken und köpfen verpoten, inen ist es erlaubt. Man hat's aufgemerkt, das alwegen hernach bald, wen si zogen sein, der Türk die christenhait überfallen, hat grossen schaden getan, land und leut eingenomen. Noch will die welt nit witzig werden.–* GILLE u. a., M. Beheim 99, 364; 827; 843; SACHS 14, 29, 25; 30, 15; 32, 19; 34, 13; 17, 148, 11; 290, 8; GEIER, Stadtr. Überl. 514, 16; BAUMANN, Bauernkr. Oberschw. 74, 32; MÜLLER, Lands. St. Gallen 80, 13; 80, 27; WINTTERLIN, Würt. Ländl. Rechtsqu. 2, 315, 15; GEHRING, Würt. Ländl. Rechtsqu. 3, 331, 14; 450, 34; 807, 19; MÜLLER, Alte Landsch. St. Gallen 80, 21; 80, 27; 81, 2; JÖRG, Salat. Reformationschr. 922, 19; SIEGEL u. a., Salzb. Taid. 269, 19.

5. Zitierte Literatur

5.1. Quellen

(Die Zitierweise und Titelaufnahme entspricht der des Quellenverzeichnisses im 1. Band des FWB. Zur Erläuterung der Raum-, Zeit- und Textsortenangaben vgl. die Anmerkungen 1–3 im vorliegenden Aufsatz.)

BAUMANN, Bauernkr. Oberschw. (+ Seite, Zeile) = Quellen zur Geschichte des Bauernkrieges in Oberschwaben. Hrsg. v. Franz Ludwig Baumann. I. Weissenhorner Historie von Nicolaus Thoman. Tübingen 1876. Neudruck Weissenhorn 1968. (Bibliothek des Litterarischen Vereins in Stuttgart 129). Schwäb.; v. 1542; Chron.

BOLTE, Pauli. Schimpf u. Ernst (+ Band, Seite, Zeile) = Johannes Pauli. Schimpf und Ernst. Hrsg. v. Johannes Bolte. Erster Teil: Die älteste Ausgabe von 1522. Zweiter Teil: Paulis Fortsetzer und Übersetzer/Erläuterungen. Berlin 1924. (Alte Erzähler 1; 2). Straßburg 1522; Lit.

DICT. GERM.-GALL.-LAT. (+ Seite) = Dictionaire François-Alleman-Latin. Avec une brieve Instruction de la prononciation de la langue Françoise en forme de Grammaire: Tres vtile avx Allemans desireux d'apprendre la langue Françoise. Derniere Edition [...]. Geneve MDCxxxvi. (2. Teil:) Novvm Germanico Gallico-Latinvm Dictionarivm: in vsvm literatae ivventvtis Ordine Alphabetico summa diligentia concinnatum. Postremo editio emendatior. Genf 1636; Wb.

GEHRING, Würt. Ländl. Rechtsqu. 3 (+ Seite, Zeile) = Württembergische Ländliche Rechtsquellen. Hrsg. v. der Württ. Kommission für Landesgeschichte. Dritter Band: Nördliches Oberschwaben. Bearb. v. Paul Gehring. Stuttgart 1941. Schwäb.; Einzeldaten (ab 15. Jh.; vorwiegend 16./17. Jh.); Rewi.

GEIER, Stadtr. Überl. (+ Seite, Zeile) = Oberrheinische Stadtrechte. Hrsg. v. der Badischen Historischen Kommission. Zweites Heft: Überlingen. Bearb. v. Fritz Geier. Heidelberg 1908. (Oberrheinische Stadtrechte, 2. Abt.). Nalem.; Einzeldaten (über die Gesamtzeit); Rewi.

GILLE u. a, M. Beheim (+ Stück, Vers) = Die Gedichte des Michel Beheim. Nach der Heidelberger Hs. cpg. 334 unter Heranziehung der Münchener Hs. cgm. 291 sowie sämtlicher Teilhandschriften hrsg. v. Hans Gille/Ingeborg Spriewald. Band 1: Einleitung. Gedichte Nr. 1–147. Band 2: Gedichte Nr. 148–357. Band 3, 1: Gedichte Nr. 358–453. Die Melodien. Band 3, 2: Registerteil. Berlin 1968–1977. (Deutsche Texte des Mittelalters 60; 64; 65, 1; 65, 2). Nobd.; 2. H. 15. Jh.; im allg. Did./Lit.

HARSDOERFFER. Trichter (+ Teil, Seite, Zeile) = Harsdoerffer, Georg Philipp. Poetischer Trichter. Darmstadt 1975. Reprographischer Nachdruck der Ausgabe Nürnberg 1650 (= Erster Teil); 1648 (= Zweiter Teil); 1653 (= Dritter Teil); Real.

JÖRG, Salat. Refformationschr. (+ Seite, Zeile) = Johannes Salat. Reformationschronik 1517–1534. Bearb. v. Ruth Jörg. Band 1–3. Bern 1986. (Quellen zur Schweizer Geschichte. NF. 1. Abt.: Chroniken. VIII/1–3). Halem.; 1534/5; Lit./Chron.

V. KELLER, Ayrer. Dramen (+Seite, Vers) = Ayrers Dramen. Hrsg. v. Adelbert von Keller. 5 Bände. Stuttgart 1865. (Bibliothek des Litterarischen Vereins in Stuttgart 76–80). Nürnberg v. 1618; Teil D: nobd.; um 1600; Lit.

MÜLLER, Alte Landsch. St. Gallen (+ Seite, Zeile) = Die Rechtsquellen des Kantons St. Gallen. Erster Teil: Die Rechtsquellen der Abtei St. Gallen. Zweite Reihe, 1. Band.: Die allgemeinen Rechtsquellen der alten Landschaft. Bearb. v. Walter Müller. Aarau 1974. (Sammlung Schweizerischer Rechtsquellen, 14. Abt.: Die Rechtsquellen des Kantons St. Gallen). Halem.; Einzeldaten (über die Gesamtzeit); Rewi.

MÜLLER, Lands. St. Gallen (+ Seite, Zeile) = Müller, Walter, Landsatzung und Landmandat der Fürstabtei St. Gallen. Zur Gesetzgebung eines geistlichen Staates vom 15. bis zum 18. Jahrhundert. St. Gallen 1970. (Mitteilungen zur Vaterländischen Geschichte 46). Halem.; Einzeldaten (ab 1468, bis zum Ende der Epoche); Rewi.

QU. BRASSÓ (+ Band, Seite, Zeile) = Quellen zur Geschichte der Stadt Brassó. hrsg. auf Kosten der Stadt Brassó von dem mit der Herausgabe betrauten Ausschuß. Vierter Band: Chroniken und Tagebücher 1 (1143–1867). Fünfter Band:

Chroniken und Tagebücher 2 (1392–1851). Brassó 1903–1909. Siebenb.; Einzeldaten; meist Chron.

SACHS (+ Band, Seite, Zeile) = Hans Sachs. Hrsg. v. Adelbert von Keller und (ab Band 13) Edmund Goetze. 26 Bände und ein Registerband. Tübingen 1870–1908. Registerband: 1982. Nachdruck Hildesheim 1964. (Bibliothek des Litterarischen Vereins 102–106; 110; 115; 121; 125; 131; 136; 140; 149; 159; 173; 179; 181; 191; 193; 195; 201; 207; 220; 225; 250). Nürnb.; Einzeljahre; Lit.

SCHIB, H. Stockar (+ Seite, Zeile) = Hans Stockars Jerusalemfahrt 1519 und Chronik 1520–1529. Mit 3 Tafeln. Hrsg. v. Karl Schib. Basel 1949. (Quellen zur Schweizer Geschichte, NF. I. Abt.: Alte Chroniken 4). Halem.; 1519 bzw. 1520/9; Chron.

SIEGEL u. a., Salzb. Taid. (+ Seite, Zeile) = Die Salzburgischen Taidinge. Im Auftrage der Kaiserlichen Akademie der Wissenschaften hrsg. v. Heinrich Siegel/Karl Tomaschek. Wien 1870. (Österreichische Weistümer 1). Smoobd.; Einzeldaten (ab 14. Jh., mit zunehmender Dichte gegen Ende der Epoche); Rewi.

SUDHOFF, Paracelsus 13 (+ Band, Seite) = Theophrast von Hohenheim gen. Paracelsus. Sa™mtliche Werke. 1. Abt.: Medizinische, naturwissenschaftliche und philosophische Schriften. Hrsg. v. Karl Sudhoff. 13. Band: Schriften unbestimmter Zeit zur Meteorologie, Kleineres, »Philosophia ad Athenieses«, » Manualia«. Einzelorte und -jahre; im allg. Real.

TURMAIR 4; 5 (+ Seite, Zeile) = Johannes Turmair's genannt Aventinus Bayerische Chronik. Hrsg. v. Matthias von Lexer. Erster Band, erste Hälfte (Buch I); Erster Band, zweite Hälfte (Buch II). Zweiter Band (Buch III–VIII). Vorwort, Glossar und Register zur Bayerischen Chronik. München 1882; 1883; 1886. (Johannes Turmair's genannt Aventinus Sämmtliche Werke 4,1; 4,2; 5). Moobd.; 1522/33; Chron.

WINTTERLIN, Würt. Ländl. Rechtsqu. 1 (+ Seite, Zeile) = Württembergische Ländliche Rechtsquellen. Hrsg. v. der K. Württ. Kommission für Landesgeschichte. Erster Band: Die östlichen schwäbischen Landesteile. Bearb. v. Friedrich Wintterlin. Stuttgart 1910. Schwäb.; Einzeldaten (über die Gesamtzeit, mit zunehmender Dichte im 16. u. 17. Jh.); Rewi.

WINTTERLIN, Würt. ländl. Rechtsqu. 2 (+ Seite, Zeile) = Württembergische Ländliche Rechtsquellen. Hrsg. v. d. Württ. Kommission für Landesgeschichte. Zweiter Band: Das Remstal, das Land am mittleren Neckar und die Schwäbische Alb. Bearb. v. Friedrich Wintterlin. Stuttgart 1922. Schwäb.; Einzeldaten (über die Gesamtzeit, zunehmende Dichte im 16. u. 17. Jh.); Rewi.

5.2 Wörterbücher

FWB + Band, Spalte = Frühneuhochdeutsches Wörterbuch. Hrsg. v. Ulrich Goebel / Oskar Reichmann. Berlin/New York 1989 ff.

PFEIFER, Etym. Wb. + Band, Spalte = Etymologisches Wörterbuch des Deutschen. Erarbeitet von einem Autorenkollektiv des Zentralinstituts für Sprachwissenschaft unter der Leitung von Wolfgang Pfeifer. Berlin 1989.

Rhein. Wb. 9 + Spalte = Rheinisches Wörterbuch. Auf Grund der von J. Franck begonnenen, von allen Kreisen des rheinischen Volkes unterstützten Sammlung. Bd. 9: U–Z mit 38 Wortkarten. Nachträge, Register, Übersichtskarte zum Ortsverzeichnis. Nach den Vorarbeiten von Josef Müller bearb. v. Heinrich Dittmaier. Berlin 1964–1971.

RWB 7 + Spalte = Deutsches Rechtswörterbuch. Wörterbuch der älteren deutschen Rechtssprache. In Verbindung mit der Akademie der Wissenschaften der DDR hrsg. v. der Heidelberger Akademie der Wissenschaften. Bd. 7: Kanzlei – Krönung. Bearb. v. Günther Dickel und Heino Speer. Weimar 1974–1983.

Wossidlo/Teuchert, Mecklenb. Wb. + Bd., Sp. = Wossidlo-Teuchert. Mecklenburgisches Wörterbuch. Hrsg. v. der Sächsischen Akademie der Wissenschaften zu Leipzig aus den Sammlungen Richard Wossidlos und aus den Ergänzungen und nach der Anlage Hermann Teucherts. Bd. 7: T bis Zypreß. Bearb. unter der Leitung v. Jürgen Gundlach unter Mitarb. v. Eva-Sophie Dahl, Christian Rothe, Erika Krackow und Walter Ihrke. Berlin/Neumünster 1992.

5.3. Wissenschaftliche Literatur

Reichmann, Oskar: Hinweise zur Benutzung des Wörterbuches. Lexikographische Einleitung. In: Frühneuhochdeutsches Wörterbuch. Hrsg. v. Robert R. Anderson / Ulrich Goebel / Oskar Reichmann. Bd. 1: Einführung. *a – äpfelkern*. Bearb. v. Oskar Reichmann. Berlin/New York 1989, 1–164.

Reichmann, Oskar / Klaus-Peter Wegera (Hgg.): Frühneuhochdeutsche Grammatik. Tübingen 1993. (Sammlung kurzer Grammatiken Germanischer Dialekte A, Hauptreihe 12)

Wiegand, Herbert Ernst: Kritische Lanze für FACKEL-REDENSARTENWÖRTERBUCH. Bericht und Diskussion zu einem Workshop der Österreichischen Akademie der Wissenschaften am 14. 2. 1994. In: Lexicographica 9 (1993 [1994], 230–271.

Anmerkungen

1   Die zugrundeglegte Raumgliederung gemäß Reichmann (1989, 118 f.) lautet (das Folgende einschließlich der Karte ist Zitat): Norddeutsch (Nrddt.) als hochdeutsch-niederdeutsche Varietätenmischung und als geschriebenes Hochdeutsch auf niederdeutschem Dialektgebiet
2 Mitteldeutsch (Md.)
2.1. Westmitteldeutsch (Wmd.)
2.1.1. Mittelfränkisch (Mfrk.)
2.1.1.1. Ribuarisch (Rib.)
2.1.1.2. Moselfränkisch (Mosfrk.)
2.1.2. Rheinfränkisch (Rhfrk.), darunter Pfälzisch (Pfälz.), Hessisch (Hess.)
2.2. Ostmitteldeutsch (Omd.)
2.2.1. Hochpreußisch (Preuß.)

2.2.2. Thüringisch (Thür.)
2.2.3. Obersächsisch (Osächs.)
2.2.4. Schlesisch (Schles.)
3. Oberdeutsch (Obd.)
3.1. Nordoberdeutsch (Nobd.), darunter Südfränkisch (Sfrk.), Ostfränkisch (Ofrk.) und zu letzterem speziell Nürnbergisch (Nürnb.)
3.2. Westoberdeutsch (Wobd.)
3.2.1. Alemannisch (Alem.)
3.2.1.1. Niederalemannisch (Nalem.), darunter Elsässisch
3.2.2. Schwäbisch (Schwäb.)
3.3. Ostoberdeutsch (Oobd.)
3.3.1. Nördliches Ostoberdeutsch, Nordbairisch (Noobd.)
3.3.2. Mittleres Ostoberdeutsch, Mittelbairisch (Moobd.), darunter der südliche Teil des mittleren Ostoberdeutschen, Südmittelbairischen (Smoobd.)
3.3.3. Südliches Ostoberdeutsch, Südbairisch (Soobd.), darunter Tirolisch (Tir.)
4. Östliches Inseldeutsch (als zusammenfassende Bezeichnung für alle östlichen Sprachinseln außerhalb des geschlossenen deutschen Sprachraumes, mit Ausnahme des Hochpreußischen, das wegen der Größe des Gebietes unter 2.2.1. aufgeführt ist), darunter ungarisches, slowakisches, schlesisches, siebenbürgisches Inseldeutsch.

2 Eine zeitliche Gliederung des Frühneuhochdeutschen ist schwierig, weshalb im FWB in der Regel nach Jahrhunderten gewählt wird (vgl. Reichmann 1989, 120).
3 Die Formulierung «von den Herausgebern angesetzt» trägt der Tatsache Rechnung, daß es eine »allgemein gültige Gliederung von Textsorten [...] von der Sache her nicht geben [kann]« (Reichmann 1989, 121). Die im FWB zugrundegelegte Textsortengliederung unterscheidet (zu Einzelheiten vgl. ebd., 121f.): Rechts- und wirtschaftsgeschichtliche Texte (»Rewi.«), chronikalische und berichtende Texte (»Chron.«), unterhaltende und literarische Texte (»Lit.«), didaktische Texte (»Did.«), kirchliche und theologische Texte (»Theol.«), erbauliche Texte (»Erb.«), Realientexte (»Real.«) und Wörterbücher« (»Wb.«).
4 Vgl. z. B. Rhein. Wb. 9, 790 und Wossidlo/Teuchert, Mecklenb. Wb. 7, 1633.
5 Da das FWB-Material noch nicht für alle Bände alphabetisch sortiert wurde, sondern teilweise nur nach Anfangsbuchstaben gesondert vorliegt, ist eine Recherche unter Umständen sehr aufwendig. Aus Zeitgründen konnten die Verfasser nur die (vergleichsweise kleine) Buchstabenstrecke z durchsehen.
6 HARSDOERFFER. Trichter 3, 501, 1 (Nürnb. 1653): *Zŭgeiner. Die zerlumpte [...] buntbekleidte [...] Rott.*
7 SACHS 14, 32, 19 (Nürnb. 1536).
8 SACHS 14, 32, 19 (Nürnb. 1536).
9 GEIER, Stadtr. Überl. 514, 16 (nalem., 1560).
10 DICT. GERM.-GALL.-LAT. 677 (Genf 1636).
11 HARSDOERFFER. Trichter 3, 501, 1 (Nürnb. 1653).
12 DICT. GERM.-GALL.-LAT. 677 (Genf 1636).
13 SACHS 15, 71, 33 (Nürnb. 1553).
14 TURMAIR 5, 573, 5 f. (moobd., 1522/33)
15 SUDHOFF, Paracelsus 13, 376, 5 (o. J.): *chiromantia ist ein geringe, leichte kunst zu lernen, doch aber hoch nüzlich und löblich und mags ein ieglicher grober bauer lernen, der keinen buchstaben lesen kan, und in Aegypten noch ein gemeine, wolbekannte kunst und bei allen Zigeinern in gutem wissen.*
16 SACHS 14, 32, 19 (Nürnb. 1536).
17 SACHS 14, 33, 3 (Nürnb. 1536).
18 SACHS 14, 34, 13 (Nürnb 1536). – Nicht nur bei Hans Sachs, auch an anderer Stelle findet sich das Motiv der ungeliebten Stimme der Wahrheit, z. B. in einer Erzählung von Johannes Pauli: *Es gieng uf einmal ein tŭtscher Walch und ein Zigeiner oder ein Heid, wie man sie dan nent, ŭber Feld und kamen in einen Walt. Da saß ein Affenkŭnig mit seinem Volck, und sie fiengen die beid und brachten sie fŭr iren Kŭnig. Der Kŭnig sprach zu dem tŭtschen Walchen: 'Wie gefelt dir mein Folck und ich?' Der tŭtsch Walch sprach: 'Hŭbschere Creaturen sein uff Erden nit, dan ir sein', und lobet sie gleich wol. Der Kŭnig satzt in neben sich und thet im grose Eer an und sprach zu dem Zigeiner, der kunt warsagen. Der gedacht: 'Hat der gelogen und ist also*

geert, wie würt man dan dir thůn, wan du die Warheit sagst: wie gefallen wir dir?' Der Zigeiner sprach: 'Ir gefallen mir nit wol; es ist nichtz Hůbschs an euch. Ir kůnnen euwere Schand dahinden nit decken und lassen jederman in den Hindern sehen.' Da fielen die Affen alle über in und zerrissen in mit den zenen. Also ist es noch uff Erdtreich. BOLTE, Pauli. Schimpf u. Ernst 1, 228, 13 (Straßb. 1522).

19 v. KELLER, Ayrer. Dramen 2633, 9 (Nürnb. 1610/8): *Spermologus sagt: [...]* | *Man sagt vom Eulenspigl vil:* | *Iedoch ich gar nicht glauben wil,* | *Daß er mich vbertroffen hab.* | *Manchsmal, wenn mir am Gelt gieng ab,* | *Schlug ich das Handwerck an ein Ohr,* | *Zug auff die Dörffer für das Thor* | *Vnter die Baurn im KnoblichsLand,* | *Die mir zum theil worden bekand, Gab mich für ein Zigeiner auß* | *Vnd bettelt rumm von Hauß zu Hauß.* | *Vnd weil ich vor jhr Glegenheit west,* | *Kund ich in Wahrsagen auffs best.* | *Davon bekam ich Gelt vnd Brot.*

20 SACHS 14, 29, 21 (Nürnb. 1536): *Die pewrin spricht: Mein man, ich wil ein pfenning wagen,* | *den ziegeiner mir war lohn sagen.*

21 SUDHOFF, Paracelsus 13, 376, 2 (o. J.); vgl. auch BOLTE, Pauli. Schimpf u. Ernst 1, 228, 19 f. (Straßb. 1522): *sprach zu dem Zigeiner, der kunt warsagen.*

22 WINTTERLIN, Würt. Ländl. Rechtsqu. 1, 734, 17 (schwäb., 1558): *das loße, verloffene gesindlein die zegeyner [...], [die] mit irem wahrsagen und dergleichen fantaseyen vill betriegen.* – TURMAIR 5, 572, 30 (moobd. 1522/33): *Diser zeit sein am ersten die zigeiner in dise land komen [...]. Haben sich mit [...] zaubern warsagen genert.*

23 SACHS 17, 293, 13 (Nürnb. 1562).

24 WINTTERLIN, Würt. Ländl. Rechtsqu. 1, 734, 18 (schwäb. 1558): *Als auch das loße, verloffene gesindlein die zegeyner [...] vill betriegen, das ihrieg arglistiger weys abbiegen und entwehnen.*

25 GILLE u. a., M. Beheim 99, 387 (nobd., 2. H. 15. Jh.): *Er het ainen zigeiner lassen vahen, der het gestoln.*

26 GEHRING, Würt. Ländl. Rechtsqu. 3, 37, 39 (schwäb., 1574): *Item so ist auch meniglichem wissend, das der zigeiner und etlicher landstraifer wesen und practick lauter buobenwerck und verräterey, welchs dem Teutschlandt und jederman vil unrats, unglücks und ubels mitgebracht.* – Gleichlautend auch ebd. 331, 14 (1603).

27 GEIER, Stadtr. Überl. 514, 16 (nalem., 1560): *Gleichfals sollen es die underthonen gegen den zigeunern, starken bettlern und landtfarern [...] in allweg halten, allso das sie denselben [...] weder wenig noch viel, geben, auch dasjenig, so sie erböttlet, und den armen leuten abgetrungen, von inen weder umb gelt, geltswerung oder zörung keinswegs nemmen.*

28 TURMAIR 5, 572, 30 (moobd., 1522/33).

29 GEHRING, Würt. Ländl. Rechtsqu. 3, 450, 34 (schwäb., 1574): *Item wir ordnen, setzen und wöllen, das niemandz zu Oberwachingen ainich beygeheüset oder haußgesünd weder ledige noch verehelichte personen weder umb zinß noch umb sonst in sein behaußung ein- oder aufnemme noch un-*

derschlauf gebe, desgleichen sonst dhain frembden menschen besonder ainichen bettler, landstraicher, landfarer, kessler, spengler, landzknecht, zegeunr noch dergleichen, der vor mittem tag in flecken komen wer, nit ybernacht, aber so ainer nach vesperzeit ankömme, dieselbig nacht und nit weiter oder lenger beherberge one wisen und willen deß fürgesetzten amtmans, der sollichs one nott oder redlich ursachen nit erlauben soll. – Ebd. 424, 35 (1600): *Wür wellen auch hiemit verbotten haben [...], daß niemands frembder, so uns nit zuegehörig, besonders aber die landstraifer, landfahrer, keßler, spengler, bettler, landsknecht, zegenier und dergleichen unnütz verwegen gesind weder umb zins noch umb sonst fürters nit mehr, wie biß dahero beschehen, so tags kommen und wol weiter passieren künden, beherbergt werden sollen, da sie aber am abend ohnargwönig kommen möchten und nit noch weiter gehn kunten, mag man sie über nacht, aber nit lenger [...] beherbergen.*

30 WINTTERLIN, Würt. Ländl. Rechtsqu. 2, 315, 15 (schwäb., 1586/91): *soll auch kein zigeiner zu Underbeyingen noch in denselben zweng noch peen nicht geduldt [...] werden.* (*Zweng* und *peen* [›Bann‹; vgl. FWB 2, 1810 s. v. ²ban 5] bezeichnen den Rechtsbereich, die Gemarkung.) – GEHRING, Würt. Ländl. Rechtsqu. 3, 70, 7 (schwäb., 1600): *Da sich zigeiner sehen liessen, sollen sie gleich fortgewisen, und do sie nicht alsobald gutwillig weichen wolten, den herrschaften angezeigt, auch gegen inen vermeg der reichsconstitutionen ernstlich verfahren werden.* – Ebd. 331, 14 (1603): *wan dieselben zegeiner oder arggwönig landstraifer uf dem gottzhaußboden betretten, denen soll durch den negsten amman oder fierer, so innen daz anzaigt oder selbs gewahr wurden, alspald und unverzogenlich ab unsers gotzhauß boden gebotten werden, so sy dann den raumen, hat seinen weg, wa aber nit, sollen die gefänglich angenomben und unserm obervogt überantwurt werden, daß soll jedem bey seinem ayd, damit er unserem gotzhauß zuegethon, bevolchen (sein).* – Ebd. 807, 19 (1610): *Item verdächtige landfahrer, straifer, spiler, krämer und dergleichen unnutz gesündlin, als auch zegeiner, von mann- und weibspersohnen, sollen gar nit beherbergt, sunder, wa sie betretten, gehandhabt und der oberkait gilefert werden.*

31 GEIER, Stadtr. Überl. 514, 16 (nalem., 1560): *Gleichfals sollen es die underthonen gegen den zigeunern, starken bettlern und landtfarern [...] in allweg halten, allso das sie denselben gar dhainen fürschub oder underschlauf gestatten, [...] noch sie [...] behörbergen, sonder sie [...] den nechsten hinweg in ir vatterland, [...] zů ziehen ermanen und weisen, auch, das sie demselben geloben und nachkommen wöllen, angloben und schwören lassen.*

32 WINTTERLIN, Würt. Ländl. Rechtsqu. 1, 734, 18 (schwäb., 1558): *Als auch das loße, verloffene gesindlein die zegeyner [...] furthin [...] in der herschaft nit geduldt, keins wegs uffenthalten noch beherbergt, sondern allerdings hindan und abgewiesen, im fahl sich sie aber wiedersetzen und mit gewalt eintringen wolten, dieselbigen gleichbalt gefenglich angenohmen und eingezogen, auch ir verhalten der herschaft unverzuglich fürgebracht, und ferner beschayd daruber erholt werden solle.*

33 SCHIB, H. Stockar 160, 5 (halem., 1520/9): *Uff dye zitt komand zyeguner har, und dye fye(n)g man, wyb und kinder und dy mian, und fürt uff ratthus, und mardaratt myan ubel und lyes sy dan wyder gon und verbott inen das land mir heren und das sy numen komen.*

34 MÜLLER, Alte Landsch. St. Gallen 80, 13 (halem., 1543): *Das hinfüro niemandtz in unsern hochen und nidern gerichten die ziginer, es sige wyb oder man, jung oder alt, weder in husern, städeln, speichern noch uf dem veld weder husen, hofen noch endthalten solle. Dann wellicher das thät, der soll zu gesetzter buß von yeder person, sovil er deren zeginer behalten hat, ain pfund pfening ze buß geben. Und was also biderben lüten durch si gestolen ald abtragen were, sollend die so si beherbergen auch zubezalen schuldig sein. Wer auch der zeginer, es sei wyb oder man, in unser landtschaft betritt, die sollen uns oder unsern amptlüten dieselben vengkhlichen annemen und uberandtwurten. Dann wellicher das nit thut, den wellend wir strafen nach luth der landtsatzung.*

35 Vgl. z. B. die in Anm. 29 aufgeführten Belege.

36 GILLE u. a., M. Beheim 99, 387 (nobd., 2. H. 15. Jh.).

37 GILLE u. a., M. Beheim 99, 843 (nobd., 2. H. 15. Jh.).

38 GILLE u. a., M. Beheim 99, 337 ff. (nobd., 2. H. 15. Jh.)

39 Die belegten Varianten können auf das Phonem /i/ reduziert werden: Die *-e-*Formen sind als Senkung, die *-ie-*Formen als Dehnung, die *-ü-*Formen als Rundung zu deuten. Die *-y-*Schreibung ist eine freie Variante zu <i> (vgl. Reichmann/Wegera 1993, 43).

40 Die belegten Varianten können auf das Phonem /eu/ reduziert werden: Nach PFEIFER, Etym. Wb. 3, 2030 f. ist ursprünglich eine *-u-*Form anzusetzen, deren umgelautete Variante *-ü-* durch Diphthongierung zu *-eu-* wird. Diese diphthongierte Form ist im Sinne von Reichmann 1989, 65 als »Idealform« anzusehen, da sie der allgemeinen lautlichen Entwicklung zum Neuhochdeutschen hin entspricht. Die *-ei-*Formen sind als Entrundung von *-eu-*, die *-i-*Form ist als Entrundung von *-ü-* oder auch als hyperkorrekte Remonophthongierung einer fälschlich als direktes Diphthongierungsprodukt aufgefaßten *-ei-*Form zu deuten.

41 GEHRING, Württ. Ländl. Rechtsqu. 3, 450, 33 (schwäb., 1574).

42 WINTTERLIN, Württ. Ländl. Rechtsqu. 1, 734, 18 (schwäb., 1558).

43 GEHRING, Württ. Ländl. Rechtsqu. 3, 807, 19 (schwäb., 1610).

44 GEHRING, Württ. Ländl. Rechtsqu. 3, 424, 35 f. (schwäb., 1600).

45 GEIER, Stadtr. Überl. 514, 18 f. (nalem., 1560).

46 TURMAIR 5, 572, 35 (moobd., 1522/33).

47 HARSDOERFFER. Trichter 3, 501, 3 (Nürnb. 1653).

48 Ebd.

49 Die Bedeutungsangabe ist der Versuch des Lexikographen, ein in einer bestimmten Verwendungsweise vorliegendes Wort der beschriebenen Sprache in eine Einheit seiner Beschreibungssprache zu übersetzen. Diese Einheit kann entweder aus einem oder mehreren (partiellen) Synonymen bestehen, oder sie kann phrastischer Natur sein (zu den beiden Möglichkeiten vgl.

Reichmann 1989, 93 ff.). Die Bedeutungsangabe muß kontextuell substituierbar sein, d. h. als ganze die Stelle des zu erläuternden Wortes im Belegkontext einnehmen können, ohne daß sich der Sinn desselben dadurch verändern würde.

50 WINTTERLIN, Württ. Ländl. Rechtsqu. 1, 734, 17 (schwäb., 1558).
51 GEHRING, Württ. Ländl. Rechtsqu. 3, 424, 34 ff. (schwäb., 1600).
52 BOLTE, Pauli. Schimpf u. Ernst 1, 228, 13 (Straßb. 1522): *ein Zigeiner oder ein Heid, wie man sie dan nent.*
53 QU. BRASSÓ 5, 502, 23 (siebenb., 1614): *hat der Fürsichtig Weise Herr Richter den jungen Hannes Schopell, ein [...] sehr unnutz Menschen, mit den Pharonen holen lassen. Item hat der Herr Richter auch pflegen die Ratsherrn mit dem Czygonergreff zu sich fordern lassen.*
54 MÜLLER, Alte Landsch. St. Gallen 80, 13 (halem., 1543).
55 DICT. GERM.-GALL.-LAT. 677 (Genf 1636).
56 Was gemeint ist, zeigt sich am Beispiel eines späten Beleges aus dem 17. Jahrhundert; in ihm werden in prägnanter Weise fast sämtliche herausgearbeiteten semantischen Aspekte aufgezählt, ohne daß er Einheiten enthielte, die unter den Positionen *Bdv.* und *Synt.* angegeben werden könnten: *Zügeiner. Die zerlumpte / unbeständige / betrügerische / verlogne / buntbekleidte / wetrerfarbe / abgebräunte / nirgend wohnhaffte Rott / der Bauren Last / die sich Egypter rühmen, da sie nie sind gewesen.* HARSDOERFFER. Trichter 3, 501, 1 (Nürnb. 1653). – Soll die Tatsache, daß das in der Bedeutungserläuterung herausgearbeitete frühneuzeitliche Zigeunerbild mit allen seinen stereotypen Versatzstücken nicht lediglich eine sprachhistorische Konstruktion ist, sondern in der textlichen Realität vorliegt, dem Wörterbuchbenutzer nachvollziehbar gemacht werden, muß man den Beleg als ganzen zitieren.
57 GILLE u. a., M. Beheim 99, 831 ff. (nobd., 2. H. 15. Jh.).
58 Es ist offensichtlich, daß eine Angabe wie WINTTERLIN, Württ. Ländl. Rechtsqu. für einen Rechtstext steht; ebenso erkennt der mit Literaturgeschichte der Frühen Neuzeit in Grundzügen vertraute Wörterbuchbenutzer, daß die Angabe BOLTE, Pauli. Schimpf u. Ernst auf den Dichter Johannes Pauli, also auf einen literarischen Text verweist.

Anhang

Cingani sive populus Pharaonis
Bemerkungen zum lateinischen Erstbeleg

FOLKER REICHERT

Der Weg der Roma von Indien über Persien, Armenien, Georgien, das Byzantinische Reich und den Balkan nach Mittel- und Westeuropa läßt sich anhand der Nennungen in den Sprachen der durchfahrenen Länder nur in seinen letzten Etappen verfolgen.[1] Dabei wurden in aller Regel Fremdbezeichnungen gebraucht, wurde das Auftreten des unbekannten Volkes in vertraute Begriffe gefaßt: In griechischen Quellen hießen sie Mandopoloi, „Wahrsager", oder man brachte sie mit der Sekte der Athinganoi (oder Melchisedekianer), der „Unberührbaren"[2], in sprachliche und gedankliche Verbindung. Westlichen Autoren erschienen sie als „Ägypter" oder „Sarazenen", als „Ismaeliten" oder „Tataren", als „Heiden", „Albanesen", „Böhmen" oder „Griechen". Die Selbstbezeichnung „Roma" taucht dagegen in diesen frühen Zeugnissen nur ein einziges Mal auf: Als der Florentiner Kaufmann Lionardo di Niccolò Frescobaldi im Jahre 1384 auf der Wallfahrt nach Jerusalem die Peloponnes umschiffte, lernte er die Stadt Modon (Methoni) an der südwestlichen Spitze der Halbinsel kennen und sah auch die Siedlung der *Romiti* nahe bei ihr.[3]

In Modon, auf Kreta und den Ionischen Inseln gerieten die Roma in den Umkreis der lateinischen Sprache und Kultur. Denn vor allem die Republik Venedig hatte auf den griechischen Inseln und entlang der adriatischen Küste eine Kette von Stützpunkten errichtet, die den Handelsverkehr in die Levante sichern sollten und die Präsenz der Serenissima im östlichen Mittelmeer über Jahrhunderte hinweg aufrecht erhielten. Auch von den Pilgerschiffen, die von Venedig zum Heiligen Land fuhren, wurden sie regelmäßig angesteuert.[4] Die Roma ihrerseits suchten die Nähe der venezianischen Stützpunkte, nicht zuletzt, weil sie dort relative Sicherheit vor den türkischen Streiftrupps fanden, die den Balkan und die Peloponnes seit der Mitte des 14. Jahrhunderts heimsuchten. Auf diese Weise ergab sich für christliche

Reisende immer wieder Gelegenheit, Einblicke in die Lebensweise des ihnen völlig unbekannten Volkes zu nehmen und sich Gedanken über seine Herkunft zu machen. Gerade die Hafenstadt Modon kann als ein Treffpunkt der Kulturen gelten, und die Siedlung der Roma wurde von zahlreichen Pilgern beschrieben. Da ihre Bewohner als Ägypter galten, war sie weithin als „Klein-Ägypten" bekannt. Aber auch auf Kreta, dem venezianischen Candia, wurde ein Reisender aus Irland der Roma gewahr. Er nannte sie die Nachkommen Chams und vermutete ihren Ursprung in Afrika.[5]

Mit längerer Verweildauer wurden einzelne Roma oder auch ganze Gruppen in das Rechtsleben der betreffenden Länder einbezogen. Auf Korfu, das unter angiovinischer Herrschaft nach den Grundsätzen des französischen Lehnrechts verwaltet wurde, gab es ein Lehengut, dessen Inhaber mit Ausnahme von Mord und Totschlag die ganze Gerichtsbarkeit über die dort ansässigen *Cingani* ausüben und dafür die entsprechenden Gebühren und Abgaben verlangen durfte.[6] In Zagreb im Königreich Kroatien lebte ein Fleischer Nikolaus genannt *Cigan*, der zwischen 1378 und 1392 mindestens achtzehnmal aktenkundig und schließlich wegen Gewalttaten gegen das Domkapitel exkommuniziert wurde.[7] Aber das Dokument, aus dem wir über das *feudum Cinganorum* auf Korfu Bescheid wissen, stammt erst aus dem Jahre 1470, und der Fleischer Nikolaus wurde *Cigan* geheißen. Ob er den Roma tatsächlich angehörte, ist keineswegs sicher. Der früheste lateinische Beleg für die Fremdbezeichnung „Zigeuner" (ital. *zingaro/zingano*, span. *cíngaro*, franz. *tsigane/tzigane*, tschech. *cikán*, ungar. *cigány* usw.) geht weder aus diesem noch aus jenem Kontext hervor.

Er entstammt vielmehr einem Text, dessen Grundlagen im Orient gelegt wurden und dessen Aussagen auf persönlichen Erfahrungen in den islamischen Ländern beruhten. Sein Autor hatte ein ganz ungewöhnliches Schicksal:[8] Johannes von Soldania war Italiener von Geburt, verbrachte aber spätestens seit 1390 mehr als zwölf Jahre als dominikanischer Missionar im Nahen und Mittleren Orient und verstand sich in seinem letzten Lebensjahrzehnt als Mittler zwischen dem lateinischen Westen, dem byzantinischen Osten und dem Reich des Türken Timur (†1405) in Zentral- und Vorderasien. Zunächst als Bischof im armenischen Nakhcivan, seit 1398 als Erzbischof von Soldania (Sultaniyya westlich von Teheran in Persien) nahm er an den Aufgaben und Zielen der Mission unter Muslimen und Tataren teil, wie sie von den beiden großen Bettelorden, Dominikanern und Franziskanern, anfangs noch eher spontan und ungeregelt, dann aber in festen Organisationsformen verfolgt wurden. Den Höhepunkt seines Wirkens aber erreichte er, als ihn Timur zu seinem persönlichen Botschafter zu den europäischen Großmächten erwählte. Er sollte dort über Timurs Kriegszug in Anatolien berichten und den diplomatischen Verkehr befördern, vor allem aber zu intensiveren Wirtschaftsbeziehungen zwischen Ost und West ermuntern.

Johannes entledigte sich seines Auftrags mit Energie und Ausdauer. Er reiste nach Venedig, Genua und Mailand, besuchte die Könige von Frankreich, England und Aragón und machte schließlich auch dem Römischen König Ruprecht in Heidelberg seine Aufwartung. Da er sich selbst als den „Erzbischof des gesamten Ostens" (*archiepiscopus totius Orientis*) bezeichnete und auch ein Bildnis seines Auftraggebers mit sich führte, wurde er überall freundlich aufgenommen, gelegentlich als Exot bestaunt und in Heidelberg sogar mit dem Ehrentitel eines Hofpfalzgrafen dekoriert. Später spielte er auf dem Konzil von Pisa noch eine Rolle, übernahm eine Mission nach Konstantinopel und wurde im Jahre 1410 zum Erzbischof von Peking ernannt. Wahrscheinlich befand er sich auf dem Weg zu seiner neuen Wirkungsstätte, als man ihn in Lemberg (L'viv in der heutigen Ukraine) zum letzten Mal sah. Danach verliert sich seine Spur in den Weiten des Ostens.

Der „Erzbischof des gesamten Ostens" hinterließ zwei Werke, als er Europa verließ:

– eine Art Dossier über Timur mit einer Beschreibung seiner Reiche, seines Hofes, seiner Mittel;[9]

– ein geographisches Handbuch, das alle erhaltenen Handschriften als einen „Libellus (brevis) de notitia orbis" bezeichnen. Seine Entstehung wird am sinnvollsten auf die Zeit um 1405 datiert.[10]

Der „Libellus de notitia orbis" will zwar nicht weniger als die ganze Welt erfassen, richtet aber sein besonderes Augenmerk auf die Länder des Nahen und Mittleren Ostens. Denn diese kannte der Autor aus eigener Anschauung und durch die Auskünfte verläßlicher Gewährsleute. Das Kapitel über Syrien enthält einen Passus mit dem frühesten lateinischen Beleg für *Cingani*/Zigeuner. Er wurde an entlegener Stelle veröffentlicht,[11] ist aber der tsiganologischen Forschung bis heute entgangen.

Der Text handelt von dem Landstrich zwischen den Städten Mardin und Edessa (Urfa) in der südöstlichen Türkei. Das irakische Mosul kommt versehentlich ins Spiel. Die Gegend war und ist ein Teil Kurdistans, dessen Bewohner im Mittelalter als die Nachkommen der Meder galten. Nicht nur hier, aber hier vor allem lebte dem Autor zufolge eine Bevölkerungsgruppe, die von ihren muslimischen Nachbarn mit Argwohn betrachtet wurde. Die Vorwürfe und Stereotypen, die dabei zum Ausdruck kommen, gleichen jenen, die andernorts den Roma gegenüber laut wurden: Wahrsagerei, Diebstahl, Betrug und Täuschung. Von der örtlichen Bevölkerung unterscheide sie sich nicht nach Glauben und Sprache, wohl aber in ihrer unsteten Lebensweise und auch nach dem Namen. Das Ethnikon *Cingani* taucht hier zum ersten Mal in einer lateinischen Quelle auf.

Ob damit tatsächlich Zigeuner bezeichnet sind, steht auf einem anderen Blatt. Die heutige Forschung bezweifelt, daß zwischen den Sinti und Roma in Europa und den nomadisierenden Gruppen des Vorderen und Mittleren Orients eine aktuelle oder historische Verwandtschaft besteht.[12] Wenn Johannes von Soldania einen solchen Zusammenhang herstellte, dann tat er womöglich das gleiche wie jene Autoren des 19. und 20. Jahrhunderts, die aus der Lebensweise der Nomaden und den Urteilen der Seßhaften, dann auch aufgrund sprachlicher Indizien einen gemeinsamen Ursprung erschließen zu können glaubten. Die Bezeichnung *Cingani* hatte er offenbar schon in Europa erfahren. Da er spätestens seit 1390 im Orient lebte, muß dies vor jenem Zeitpunkt erfolgt sein. Auch die von Johannes mitgeteilte Alternative, es seien „Kinder des Pharao", konnte ihm im lateinischen Westen zu Ohren gekommen sein. Sie ist schon in einem Pilgerbericht aus der Mitte des 14. Jahrhunderts bezeugt, dessen ungewöhnliche Verbreitung auch die Aufnahme der mitgeteilten Informationen ermöglichte.[13]

Daraus folgt: Der „Libellus de notitia orbis" des Johannes von Soldania gibt den frühesten Nachweis für die Fremdbezeichnung *Cingani*/„Zigeuner" in einem lateinischen Text. Er beschreibt wohl nur scheinbar die Lebensweise einer Romagruppe im Vorderen Orient, bezeugt aber, daß das Ethnikon *Cingani* schon zu Ende des 14. Jahrhunderts in Süd- und Südosteuropa eine gewisse Verbreitung erfahren und einen nicht näher zu bestimmenden Bekanntheitsgrad besessen haben muß. Die sprachgeschichtliche, ethnologische und vor allem die tsiganologische Forschung sollte ihn in ihre Überlegungen zu Ursprung, Wanderungen und Namengebung der Roma unbedingt einbeziehen.

Anhang
Der nachfolgend wiedergegebene Auszug aus dem „Libellus de notitia orbis" des Erzbischofs Johannes von Soldania ist nach sechs Handschriften erstellt worden und berücksichtigt damit die gesamte mittelalterliche Überlieferung des Textes (B1 = Basel, Öffentliche Bibliothek, A V 25; B2 = ebd., E III 17; G = Graz, Universitätsbibliothek, Ms. 1221; K = Klosterneuburg, Stiftsbibliothek, CCl 1099; L = Leipzig, Universitätsbibliothek, Ms. 1225; S = St. Pölten, Diözesanarchiv, Ms. 63).

Circa istud regnum [sc. Caldea] est provincia magna sive regnum ad caput Syrie propeque civitas regis Medorum, que nunc dicitur Meldin. Etiam circa Meldin est Edissa civitas Abagarron[14] regis, qui miserat ad dominum Jesum Christum, que nunc dicitur Mosill[15]. Istam inhabitant pro maiori parte Suriani[16] et habebant dominium in multis locis et specialiter patriarcha ipsorum, qui dicitur Caldabach[17] et multum afficitur ad Latinos. Nunc per totum perdidit primo propter Turcianos[18], deinde per Themurlin[19] totaliter. Litteram et linguam habent propriam. In ista provincia locuntur Arabicum et Persicum. In secta sunt ut Sarraceni. Circa istos est generatio una parva sive populus dispersus per orbem, et specialiter habitant in illis partibus nec possunt stare pluribus diebus in uno loco et minime in villis, sed habitant in tentoriis. Vocantur Cingani[20] sive populus Pharaonis. Secundum patriam et linguas[21] servant fidem et sectam ipsorum secuntur. Sunt maximi latrones et nigromantici, et vita ipsorum est mendicare vel furari aut defraudare vel spoliare, et de istis ubique terrarum inveniuntur et specialiter in Oriente. Illius secte vilissime condiciones sunt et cetera.

Übersetzung

Bei diesem Reich [d. i. Chaldäa[22]] an der Spitze Syriens gibt es eine große Provinz oder ein Land, und nahebei liegt die Stadt des Königs der Meder, die heute Meldin[23] heißt. Bei Meldin liegt außerdem Edissa, die Stadt des Königs Abagarron, der zum Herrn Jesus Christus geschickt hatte[24]; heute heißt sie Mosill.[25] Diese bewohnen zum größten Teil Surianen[26], und sie hatten die Herrschaft über viele Orte, namentlich ihr Patriarch, der Chaldabach genannt wird und sehr zu den Lateinern neigt. Nunmehr ging sie ganz zugrunde, zuerst durch die Türken und dann vollends durch Tamerlan.[27] Sie haben eine eigene Schrift und Sprache. In dieser Provinz spricht man Arabisch und Persisch. In ihrem Glauben sind sie wie die Sarazenen. Unter diesen gibt es einen kleinen Stamm oder auch ein Volk, verstreut über die Erde, vor allem wohnen sie in jenen Gegenden, und sie können nicht mehrere Tage an einem Ort bleiben und zum wenigsten in Dörfern, sondern leben in Zelten. Sie werden Zigeuner oder „Volk des Pharao" genannt. An ihrer Heimat und Sprache halten sie fest und folgen ihren eigenen Grundsätzen. Es sind die größten Diebe und Hellseher, und ihr Leben besteht aus Betteln, Stehlen, Betrügen und Rauben, und man findet sie überall auf der Welt, vor allem im Osten. Die Lebensumstände dieses Volkes sind ganz erbärmlich usw.

1 George C. Soulis, The Gypsies in the Byzantine Empire and the Balkans in the Late Middle Ages, in: Dumbarton Oaks Papers 15 (1961), S. 142-165; Rüdiger Vossen, Zigeuner. Roma, Sinti, Gitanos, Gypsies. Zwischen Verfolgung und Romantisierung, Frankfurt – Berlin 1983, S. 20 ff.; Katrin Reemtsma, Sinti und Roma. Geschichte, Kultur, Gegenwart, München 1996, S. 13 ff.; Reimar Gilsenbach, Weltchronik der Zigeuner. 2500 Ereignisse aus der Geschichte der Roma und Sinti, der Luri, Zott und Boza, der Athinganer, Tattern, Heiden und Sarazenen, der Bohémiens, Gypsies und Gitanos und aller anderen Minderheiten, die „Zigeuner" genannt werden, Bd. 1 (Studien zur Tsiganologie und Folkloristik 10), Frankfurt a. M. – Berlin ²1997.– Jacob und Wilhelm Grimm, Deutsches Wörterbuch, Bd. 15, Leipzig 1956, Sp. 1257 ff.
2 Zu ihnen vgl. Joshua Starr, An Eastern Christian Sect: the Athinganoi, in: Harvard Theological Review 29 (1936), S. 93-106; Ilse Rochow, Die Häresie der Athinganer im 8. und 9. Jahrhundert und die Frage ihres Fortlebens, in: Berliner byzantinistische Arbeiten 51 (1983), S. 163-178; The Oxford Dictionary of Byzantium, ed. by Alexander P. Kazhdan, Bd. 1, New York – Oxford 1991, S. 223.

3   Gabriella Bartolini/Francesco Cardini, Nel nome di Dio facemmo vela. Viaggio in Oriente di un pellegrino medievale, Bari 1991, S. 131.
4   Vgl. dazu Ursula Ganz-Blättler, Andacht und Abenteuer. Berichte europäischer Jerusalem- und Santiago-Pilger (1320-1520) (Jakobus-Studien 4), Tübingen 1990; Eberhard im Bart und die Wallfahrt nach Jerusalem im späten Mittelalter, hg. von Gerhard Faix und Folker Reichert (Lebendige Vergangenheit 20), Stuttgart 1998.
5   Itinerarium Symonis Semeonis Ab Hybernia Ad Terram Sanctam, ed. by Mario Esposito (Scriptores Latini Hiberniae 4), Dublin 1960, S. 44 c. 22: ... *vidimus gentem ... de genere Chaym se esse asserentem*. Zur Deutung vgl. Gilsenbach (wie Anm. 11), S. 34.
6   Soulis (wie Anm. 1), S. 164 f.
7   Gilsenbach (wie Anm. 1), S. 39, 43 (der allerdings aus dem Fleischer einen „Henker" macht); Lexicon latinitatis medii aevi Iugoslawiae, Bd. 1, Zagreb 1973, S. 220.
8   Zum Folgenden vgl. Anton Kern: Der „Libellus de notitia orbis" Iohannes' III. (de Galonifontibus?) O. P., Erzbischofs von Sultanijeh. In: Archivum Fratrum Praedicatorum 8 (1938), S. 82-123; R[aymond] Loenertz: Évêques dominicains des deux Arménies. In: Archivum Fratrum Praedicatorum 10 (1940), S. 258-281, hier S. 258 ff.; Thomas Kaeppeli, Scriptores Ordinis Praedicatorum Medii Aevi, Bd.3, Rom 1980, S. 18 f.; Bd. 4, Rom 1993, S. 172; Folker Reichert, Johannes von Soldania. Ein persischer Erzbischof in österreichischen Handschriften, in: Studien und Forschungen aus dem Niederösterreichischen Institut für Landeskunde, St. Pölten 1999.
9   H. Moranvillé, Mémoire sur Tamerlan et sa cour par un Dominicain, en 1403, in: Bibliothèque de l'École des Chartes 55 (1894), S. 433-464.
10 Der Text ist als Ganzes ungedruckt. Textproben bietet A. Kern: Der „Libellus de notitia orbis", S. 95-123; ders., Miszellen aus einem Text vom Jahre 1404: a) Erdöl im Kaukasus, b) Zigeuner, c) Krimgoten, in: Frühgeschichte und Sprachwissenschaft (Arbeiten aus dem Institut für allgemeine und vergleichende Sprachwissenschaft 1), Wien 1948, S. 146-154.
11 Ebd., S. 153.
12 Vgl. Aparna Rao, Zigeunerähnliche Gruppen in West-, Zentral- und Südasien, in: Vossen (wie Anm. 1), S. 163-186; Reemtsma (wie Anm. 1), S. 13 ff.
13 Ludolphus de Sudheim, De itinere Terre Sancte, in: Archives de l'Orient latin 2,2 (1884), S. 305-377, hier S. 375: *Mandopolini sive Mandindes ... sunt Egyptii dicentes, se esse de genere Pharaonis*. Zu Überlieferung und Verbreitung des Textes vgl. Marie-Luise Bulst-Thiele in: Die deutsche Literatur des Mittelalters. Verfasserlexikon, 2. Aufl., Bd. 5, Berlin – New York 1985, Sp. 984-986; Werner Paravicini (Hg.), Europäische Reiseberichte des späten Mittelalters. Eine analytische Bibliographie, Teil 1: Deutsche Reiseberichte, bearb. von Christian Halm, Frankfurt a. M. 1994, S. 36 ff.- Zu den Erzähltraditionen, die sich an die angebliche Herkunft aus Ägypten knüpften, vgl. Ines Köhler-Zülch, Die verweigerte Herberge. Die Heilige Familie in Ägyp-

ten und andere Geschichten von ›Zigeunern‹ – Selbstäußerungen oder Außenbilder, in: Die gesellschaftliche Konstruktion des Zigeuners. Zur Genese eines Vorurteils, hg. von Jacqueline Giere, Frankfurt a. M. – New York 1996, S. 46-86.

14 B1: Abagoron; B2: Abagaro; K, L: Abagaron.
15 B1, B2: Mosillis.
16 G: Curriani; K: Surriani.
17 B2: Caldebach; G: Cadalech; L: Cathalech.
18 B1: Tartharos; G, K: Curcinarios; L: Turcinarios.
19 B1: Temerlin; G, L: Themurlauk; K: Themurlaum.
20 B1: Ciganii; B2: Cigonii; G, K: Cyngani; L: Cingharii.
21 B1, B2: paternas linguas.
22 Babylonien, Mesopotamien.
23 Mardin (Türkei). Dem Autor stand offenbar das alte Ninive vor Augen.
24 Der Legende zufolge soll der Fürst Abgar von Edessa Christus zu sich gebeten haben, damit dieser ihn von einer unheilbaren Krankheit heile. Christus habe ihm versprochen, nach seiner Himmelfahrt einen Jünger zu schicken, und ihm zugleich ein wundertätiges Tuch mit dem eigenen Abbild (das sog. Mandylion) zukommen lassen.
25 Die Gleichsetzung Edessas, des heutigen Sanli Urfa in der südöstlichen Türkei, mit al-Mausil (Mosul) (Irak) ist unzutreffend.
26 Melkiten oder auch Gürtelchristen (orientalische Christen, die die Beschlüsse des Konzils von Chalkedon anerkennen und dem byzantinischen Ritus folgen).
27 Timur.- Edessa wurde 1146 durch türkische Truppen Nuraddins und 1234 durch die Rum-Seldschuken geplündert und zerstört. 1393 wurde die Stadt von Timur erobert, Mossul blieb dagegen verschont.

Stellungnahme zum Rassenbegriff

Die nachfolgende Erklärung zur Rassenfrage beim Menschen wurde auf einer wissenschaftlichen Arbeitstagung im Rahmen der UNESCO-Konferenz „Gegen Rassismus, Gewalt und Diskriminierung" am 8. und 9. Juni 1995 in Stadtschlaining, Österreich, verabschiedet. Der vorliegende deutsche Text wurde von U. Kattmann (Universität Oldenburg) übersetzt. Das Statement soll nach Verabschiedung durch die UNESCO-Gremien Bestandteil einer umfassenden Deklaration der UN werden. Abdruck mit freundlicher Genehmigung aus: DIE BRÜCKE – Forum für antirassistische Kultur und Politik, Heft 2 (1997): 23f.

Die Revolution in unserem Denken über Populationsgenetik und molekularer Genetik hat zu einer Explosion des Wissens über Lebewesen geführt. Zu den Vorstellungen, die sich tiefgreifend gewandelt haben, gehören die Konzepte zur Variation des Menschen. Das Konzept der „Rasse", das aus der Vergangenheit in das 20. Jahrtausend übernommen wurde, ist völlig obsolet geworden. Dessen ungeachtet ist dieses Konzept dazu benutzt worden, gänzlich unannehmbare Verletzungen der Menschenrechte zu rechtfertigen. Ein wichtiger Schritt, einem solchen Mißbrauch genetischer Argumente vorzubeugen, besteht darin, das überholte Konzept der „Rasse" durch Vorstellungen und Schlußfolgerungen zu ersetzen, die auf einem gültigen Verständnis genetischer Variationen beruhen, das für menschliche Populationen angemessen ist.

„Rassen" des Menschen werden traditionell als genetisch einheitlich, aber untereinander verschieden angesehen. Diese Definition wurde entwickelt, um menschliche Vielfalt zu beschreiben, wie sie beispielsweise mit verschiedenen geographischen Orten verbunden ist. Neue, auf den Methoden der molekularen Genetik und mathematischen

Modellen der Populationsgenetik beruhende Fortschritte der modernen Biologie zeigen jedoch, daß diese Definition völlig unangemessen ist. Die neuen wissenschaftlichen Befunde stützen nicht die frühere Auffassung, daß menschliche Populationen in getrennte „Rassen" wie „Afrikaner", „Eurasier" (einschließlich eingeborener Amerikaner) oder irgendeine größere Anzahl von Untergruppen klassifiziert werden könnten.

Im einzelnen können zwischen den menschlichen Populationen, einschließlich kleinerer Gruppen, genetische Unterschiede festgestellt werden. Diese Unterschiede vergrößern sich im allgemeinen mit der geographischen Entfernung, doch die grundlegende genetische Variation zwischen Populationen ist viel weniger ausgeprägt. Das bedeutet, daß die genetische Diversität beim Menschen gleitend ist und keine größere Diskontinuität zwischen den Populationen anzeigt. Befunde, die diese Schlußfolgerungen stützen, widersprechen der traditionellen Klassifikation in „Rassen" und machen jedes typologische Vorgehen völlig unangemessen. Darüber hinaus hat die Analyse von Genen, die in verschiedenen Versionen (Allelen) auftreten, gezeigt, daß die genetische Variation zwischen den Individuen innerhalb jeder Gruppe groß ist, während im Vergleich dazu die Variation zwischen den Gruppen verhältnismäßig klein ist.

Es ist leicht, zwischen Menschen aus verschiedenen Teilen der Erde Unterschiede in der äußeren Erscheinung (Hautfarbe, Morphologie des Körpers und des Gesichts, Pigmentierung etc.) zu erkennen, aber die zugrunde liegende genetische Variation selbst ist viel weniger ausgeprägt. Obwohl es angesichts der auffälligen genetisch determinierten morphologischen Unterschiede paradox erscheint, sind die genetischen Variationen in den zugrunde liegenden physiologischen Eigenschaften und Funktionen sehr gering, wenn Populationsdurchschnitte betrachtet werden. Mit anderen Worten: die Wahrnehmung von morphologischen Unterschieden kann uns irrtümlicherweise verleiten, von diesen auf wesentliche genetische Unterschiede zu schließen. Befunde deuten darauf hin, daß es im Verlauf der Evolution des modernen Menschen relativ wenig Veränderungen in der genetischen Grundausstattung der Population gegeben hat. Die molekularen Analysen von Genen legen außerdem sehr nahe, daß der moderne Mensch sich erst vor kurzer Zeit in die bewohnbaren Gebiete der Erde ausgebreitet hat und an diesem Prozeß während einer relativ kurzen Zeitspanne an sehr unterschiedliche und zuweilen extreme Umweltbedingungen angepaßt worden ist (z. B. an rauhes Klima). Die Notwendigkeit der Anpassung an extreme unterschiedliche Umweltbedingungen hat nur in einer kleinen Untergruppe von Genen, die die Empfindlichkeit gegenüber Umweltfaktoren betrifft, Veränderungen bewirkt. Es ist wert zu erwähnen, daß die Anpassungen als Antwort auf Umweltbedingungen größtenteils historisch zu verstehen sind und keine Konsequenzen für das Leben in der modernen Zivilisation haben. Nichtsdestoweniger werden sie von einigen so ausgelegt, als spiegelten sie wesentliche Unterschiede zwischen Menschengruppen wider, wodurch sie zum Konzept der „Rassen" beitragen.

Nach wissenschaftlichem Verständnis ist die Einteilung von Menschen anhand der Verteilung von genetisch determinierten Faktoren daher einseitig und fördert das Hervorbringen endloser Listen von willkürlichen und mißleitenden sozialen Wahrnehmungen und Vorstellungen. Darüber hinaus gibt es keine überzeugenden Belege für „rassische" Verschiedenheit hinsichtlich Intelligenz, emotionaler, motivationaler oder anderer psychologischer und das Verhalten betreffender Eigenschaften, die unabhängig von kulturellen Faktoren sind. Es ist allgemein bekannt, daß bestimmte genetisch bedingte Merkmale, die in einer Lebenssituation nützlich sind, in einer anderen nachteilig sein können.

Rassismus ist der Glaube, daß menschliche Populationen sich in genetisch bedingten Merkmalen von sozialem Wert unterscheiden, so daß bestimmte Gruppen gegenüber anderen höherwertig oder minderwertig sind. Es gibt keinen überzeugenden wissenschaftlichen Beleg, mit dem dieser Glaube gestützt werden könnte. Mit diesem Dokument wird nachdrücklich erklärt, daß es keinen wissenschaftlichen zuverlässigen Weg gibt, die menschliche Vielfalt mit den starren Begriffen „rassischer" Kategorien oder dem traditionellen „Rassen"-Konzept zu charakterisieren. Es gibt keinen wissenschaftlichen Grund, den Begriff „Rasse" weiterhin zu verwenden.

Die folgenden Wissenschaftler haben dieser Stellungnahme zugestimmt:

Cavalli-Sforza, L. L., Stanfort University of Medicine, California, USA. **Charlsworth**, W., Institute of Child Development, University of

Minnesota, USA. **Charelli**, B., Instituto di Antropologia, Universita degli Studi die Firenze, Italien. **Dittami**, J., Institut für Zoologie, Universität Wien, Österreich. **Eiben**, O., Department of Biology, Eötvös, Lorand University, Budapest, Ungarn. **Falk**, D., Department of Anthropology, University of Albany, New York, USA. **Frey**, S., Laboratorium für Interaktionsforschung, Universität Duisburg, Deutschland. **Gabain**, A. von. Institut für Mikrobiologie und Genetik, Universität Wien, Österreich. **Goodman**, A. H., Departement of Anthropology, Hampshire College, School of Natural Science, Amherst, Massachussetts, USA. **Grammer**, K., Institut für Stadtethologie, Wien, Österreich. **Jürgens**, H. W., Anthropologisches Institut, Neue Universität, Kiel, Deutschland. **Kattmann**, U., Didaktik der Biologie, Fachbereich Biologie, Universität Oldenburg, Deutschland. **Müller-Hill**, B., Institut für Genetik, Universität Köln, Deutschland. **Preuschoft**, H., Abteilung für funktionelle Anatomie, Universität Bochum, Deutschland. **Rudan**, P., Institute for Anthropological Research, University of Zagreb, Kroatien. **Seidler**, H., Institut für Humanbiologie, Universität Wien, Österreich. **Sjölander**, S., Department of Biology, Linköpings Universitet, Schweden. **Tiger**, L., Department of Anthropology, University of New Jersey, New Jersey, USA.

Autorenverzeichnis

Anita Awosusi, Leiterin des Referates Dialog im Dokumentationszentrum Deutscher Sinti und Roma, Heidelberg. Veröffentlichungen: Die Musik der Sinti und Roma (Hg.). 3 Bde. Heidelberg 1996/97/98.

Jochen A. Bär, Dr. phil., wissenschaftlicher Mitarbeiter am Germanistischen Seminar der Universität Heidelberg ab 1993, seit 1998 bei der Gesellschaft für Deutsche Sprache in Wiesbaden.

Silke Bär, Studentische Hilfskraft am Germanistischen Seminarder Universität Heidelberg (Projekt „Frühneuhochdeutsches Wörterbuch")

Ulrich Kronauer, Dr. phil., Mitarbeiter beim Deutschen Rechtswörterbuch, Forschungsstelle der Heidelberger Akademie der Wissenschaften.

Anja Lobenstein-Reichmann, Dr. phil., z.Z. Bandbearbeiterin im Projekt des Frühneuhochdeutschen Wörterbuches (hrsg. von Ulrich Goebel/Oskar Reichmann)

Folker Reichert, Dr., seit 1994 Professor für mittelalterliche Geschichte an der Universität Stuttgart. Publikationen zur spätmittelalterlichen Verfassungsgeschichte, zur Geschichte des Reisens und der Entdekkungen, zur Geschichte von Weltbild und Kartographie in Mittelalter und Früher Neuzeit.

Iris Wigger, Diplom-Sozialwirtin, Wissenschaftliche Mitarbeiterin an der Hochschule für Wirtschaft und Politik Hamburg.

Schriftenreihe des Dokumentations-und Kulturzentrums Deutscher Sinti und Roma

Band 1 *Daniel Strauß (Hrsg.)*
Die Sinti / Roma-Erzählkunst im Kontext
Europäischer Märchenkultur. 1992

Band 2 *Edgar Bamberger (Hrsg.)*
Der Völkermord an den Sinti und Roma
in der Gedenkstättenarbeit. 1994

Band 3 *Wilhelm Solms / Daniel Strauß (Hrsg.)*
‚Zigeunerbilder' in der deutschsprachigen Literatur. 1995

Band 4 *Edgar Bamberger / Annegret Ehmann (Hrsg.)*
Kinder und Jugendliche als Opfer des Holocaust. 1995

Band 5 *Anita Awosusi (Hrsg.)*
Die Musik der Sinti und Roma.
Band 1: **Die ungarische Zigeunermusik.** 1996
Band 2: **Der Sinti-Jazz.** 1997
Band 3: **Der Flamenco.** 1998

In Vorbereitung:
Romani Rose (Hrsg.)
„Den Rauch hatten wir täglich vor Augen..."
Der nationalsozialistische Völkermord an den Sinti und Roma
Mit einem Vorwort von Simon Wiesenthal. Text- und Bildband zur ständigen
Ausstellung im Dokumentations- und Kulturzentrumn Deutscher Sinti und Roma.
ca. 300 Seiten, ca. 300 sw Fotos, zahlreiche Dokumente
ISBN 3-88423-142-1 (HC)
ISBN 3-88423-143-X (SC)
Erscheint Februar 1999

Verlag das Wunderhorn, Bergstr.21, 69120 Heidelberg
www.wunderhorn.de

Bitte fordern Sie unser Verlagsverzeichnis an.